FACULTÉ DE DROIT DE TOULOUSE

THÈSE

POUR LA LICENCE

EN EXÉCUTION DE L'ART. IV, TIT. II, DE LA LOI DU XXII VENTOSE AN XII

SOUTENUE

Par M. DARMÉ (Adolphe),

Né à Toulouse (Haute-Garonne).

TOULOUSE

IMPRIMERIE DE CAILLOL & BOURBON

PORTE SAINT-ÉTIENNE, HÔTEL BONNET

1864

FACULTÉ DE DROIT DE TOULOUSE

THÈSE

POUR LA LICENCE

EN EXÉCUTION DE L'ART. IV, TIT. II, DE LA LOI DU XXII VENTOSE AN XII

SOUTENUE

Par M. DARMÉ (Adolphe),

Né à Toulouse (Haute-Garonne).

TOULOUSE

IMPRIMERIE DE CAILLOL & BOURBON

PORTE SAINT-ÉTIENNE, HÔTEL BONNET

1864

A MON PÈRE, A MA MÈRE

AMOUR FILIAL

JUS ROMANUM

Depositi vel contra. (D., l. 16, t. 3.)

Depositum est, quod custodiendum alicui datum est, dictum ex eo quod ponitur.

Eum autem deposuisse intelligitur cujus nomine et voluntate, res deposita est, quamvis non ipse sed alius eam tradiderit.

Deponere possumus apud alium, id quod nostri juris est vel alieni.

Hæc obligatio ad eas pertinet, quæ re contrahuntur, et datione aliqua solum perficiuntur; ideoque, licet cum contractum inire debeat, solus tamen consensus non obligat in deposito. Scripta item vulgo in stipulationibus, sed numquam de iis re contractis ad solutionem venire possunt; quapropter scriptura quâ quis cavet se rem depositam habere duntaxat valet ad depositi probationem quum ad contrahendum requiratur rei traditio.

Omnia quæ in specie æstimantur amplexat et rei depositæ proprietas apud deponentem manet sed et possessio.

Depositarius vero de eâ re quam accepit, non solum ad præstitutam diem sed etiam re postulata quocumque reperietur statim restituenda tenetur : ubi vero depositum est nihil interest.

Animadvertendum tandem ut quæ depositis rebus accedunt non sint deposita, ut putà, si homo vestitus deponatur, vestis enim non est deposita. De quo contraversia nulla esse nobis apparet, quoniam hominem et non vestem partes intendunt.

Duplex vulgo depositum distinguitur :

Necessarium quod fit in casu incendii, ruinæ, naufragii ; et voluntarium quod fit extrà hunc casum ex merâ partium voluntate. De isto nunc videamus.

Ut accuratiùs materiam subjectam tractemus primùm quæ hujus contractus substantiam constituunt, deindè actionem quæ ex eo nascitur, exponemus.

Ad depositum contrahendum, quatuor requiruntur :

1° Ut deposita res depositario tradatur ;

2° Ut principaliter custodiæ causa tradatur ;

3° Ut gratis hæc custodia suscipiatur ;

4° Ut a non domino suscipiatur.

1° *Ut deposita res depositario tradatur.*

Ab eo quod depositum re, ut suprà diximus, contrahitur, daturque deponenti propter repetitionem actio, rem tradi depositario certum est, namque sola promissio pactum nudum et non obligationem efficeret. Cæterum tradita res intelligitur, quamvis non ipsi sed ipsius jussu tradita fuerit ei qui eam illius nomine custodiat ; sed non tenetur qui modo apud aliquem deponere suaserit, quia nemo ex consilio obligatur, etiam si non expediat ei cui dabitur, cum liberum cuique sit apud se explorare an expediat consilium. (Inst., l. 3, t. 26, § 6.)

2° *Ut res principaliter custodiæ causa tradatur.*

Non sufficit enim si duntaxat alteruter eo foret proposito, sed etiam oportet, ut tam ex parte tradentis, quam ex parte accipientis res custodiæ causa tradatur et suscipiatur ; et quamvis convenerit ut qui eam suscepit si voluisset uteretur, non ideo minus interim depositum erit, dummodo custodiæ causa principaliter tradita sit.

Sed ex eo die quo deposíta pecunia utitur debentur fænora. Hoc ita confirmat gordianus : si depositâ pecuniâ is qui eam suscepit usus est, non dubium est etiam usuras debere præstare ; et si is qui permissu meo, multo magis qui me invito, usuras debet, quinimo eas restitui flagitabis quum tibi debeat gratulari quod furti eum actioni non facies obnoxium. Siquidem qui rem depositam invito domino sciens in usus suos converterit, etiam furti delicto succedit. Sed et in deposito irregulari in quo convenit ut magis eadem quantitas reddatur quam ipsa nummorun corpora, usuræ veniunt ex morâ, et qui pecuniam apud se non obsignatam ut tantumdem redderet depositam ad usus proprios convertit, post moram in usuras quoque judicio depositi condemnandus est, Papinianus docet. (D., l. 25, § 1. L. 3. Resp.)

3° *Ut gratis hæc custodia suscipiatur.*

Si constituta sit merces non est depositum sed aut locatio-conductio, aut commodatum, aut aliud genus contractus, velut si is apud quem res deposita est eâ re utitur, actione tenetur furti. Quæ conditio abunde nobis aperta videtur, quoniam custodiam solam habere nullamque sibi utilitatem versari depositarium ostendimus.

4° *Ut a non domino suscipiatur.*

Nemo rem suam sibimetipsi tradere potest, quandoque proprietas simul atque possessio habet, et quicumque alicujus rei, non sine dolo, in possessionem venit numquam pro domino esse incipit, ideoque de eâ re contrahere non potest. Quod nobis demonstrat Tryphoninus : si ignorans latro cujus filio vel servo rem abstulisset, apud patrem dominumve ejus deposuit ignorantem, non ex jure gentium consistet depositum cujus hæc est potestas, ut alii non domino sua res quasi aliena servanda detur. Et si rem meam fur quam me ignorante subripuit apud me etiam nunc delictum ejus ignorantem deposuerit, recte dicetur non contrachi depositum quia non est ex fide bona rem suam dominum prædoni restituere compelli.

Ex iis quæ suprà diximus contractus depositi recte definitur, contractus quâ quis ab altero gratis rem custodiendam recepit, ea lege ut eamdem reposcenti reddat.

Ex contractu depositi duæ actiones descendunt, directa et contraria.

Actio depositi directa, ex quovis depositarii dolo adversus eum datur. Labeo autem sic definiit dolum malum esse, omnem calliditatem, fallaciam, machinationem ad circumveniendum fallendum decipiendum alterum adhibitam.

Plures sunt species doli ex quibus datur actio depositi ; ut putà, si depositarius rem depositam quam penès se habet depositori, ejusve heredi, procuratorive, eam reposcenti non reddat statim, si modo eum heredem procuratoremve sciat. Si res deposita deterior reddatur quasi non reddita agi depositi potest ; aut si res vendita sit, etc., etc.

Sed is ex eo solo tenetur si quid dolo commiserit ; culpæ autem nomine id est desidiæ ac negligentiæ non tenetur. Itaque securus est qui parum diligenter custoditam rem furto amiserit, quia qui negligenti amico rem custodiendam tradidit suæ facilitati id imputare debet. (Inst., l. 3, t. 14, § 3.)

Lata quidem culpa pro dolo habetur atque locum dat actioni depositi, nam et si quis non ad eum modum quem hominum natura desiderat diligens est, nisi tamen ad suum modum curam in deposito præstat, fraude non caret, nec enim salva fide minorem iis quam suis rebus diligentiam præstabit. In illo autem a cæteris obligationibus quæ re contrahuntur longe distat depositum : qui enim commodatum aut pignus accepit exactam diligentiam custodiendæ rei præstare debet, talem qualem quisque diligentissimus pater familias suis adhibet, ita ut tantum eos casus non præstet quibus resisti non possit. Et hoc, jure quidem ac merito ita se habet; namque commodatum aut pignus plerùmque solam utilitatem continent ejus cui commodatur aut pigneratur.

Quod hactenus diximus ita obtinet nisi aliter convenerit : nam si convenit ut in depositis et culpa præstetur rata est conventio; contractus enim legem ex conventione accipiunt. Sed et si se quis deposito obtulit, ait Julianus periculo se depositi illigasse, ita tamen ut non solum dolum sed etiam culpam et custodiam præstet, non tamen fortuitos casus.

Hanc actionem bonæ fidei esse dubitari non oportet, ideo et fructus et omnem causam et partum venire dicendum est ne nuda res veniat.

Insuper famosa est, nam qui depositum non restituit suo nomine conventus et condemnatus ad ejus restitutionem infamiæ periculo urgetur.

Qui hâc actione agit designare debet rem depositam cujus restitutionem petit; illam reddi sibi intendit et quæ ipsi abest ex dolo depositarii; et non tantum præteritus dolus in actionem veniet, sed etiam futurus, id est post litem contestatam.

Hæc actio sicut et cæteræ per eos quos in potestate habemus nobis adquiri potest; quare si servus meus deposuerit nihilhominus depositi habebo actionem : filium familias teneri depositi constat quia de cæteris obligationibus tenetur, sed et cum patre ejus agi potest duntaxat de peculio.

An in pupillum apud quem sine tutoris auctoritate depositum est depositi actio detur, quæritur : sed probari oportet si apud doli mali jam capacem deposueris, agi posse, si dolum commisit, nam et in quantum locupletior factus est datur actio in eum et si dolus non intervenit. Animadvertendum tamen ut actione utili ageres, nam cum sine tutoris auctoritate depositum pupillus susceperit, nullus est contractus depositi ex quo directa actio nasci possit.

Præterea aliquando evenit ut de re deposita multæ sint actiones quæ inter se possunt concurrere : si te rogavero ut rem meam perferas ad Titium ut is eam servet, actione experiri possum tecum mandati cum eo vero qui eas res receperit, depositi; si vero tuo nomine receperit, tu quidem mihi mandati teneris ille tibi depositi, quam actionem mihi præstabis mandati judicio conventus. Etiamque si sacculum vel argentum signatum deposuero et is penès quem depositum fuit me invito contrectaverit et depositi et furti actio mihi in eum competit. Idemque si a depositario res vendita sit, actione ad exhibendum aut rei vindicatione cogetur.

In judicio depositi ex mora et fructus et usuræ rei depositæ postulantur, sed si cum depositi actione expertus es, tantummodo sortis facta condemnatio est, ultra non potes propter usuras experiri, non enim duæ sunt actiones alia sortis alia usurarum, sed una ex qua condemnatione facta, iterata actio rei judicatæ exceptione repellitur.

In eum qui accepit in simplum aut in duplum actio competit. Ex causa depositi lege XII Tabularum in duplum actio datur; sed edicto prætor voluit, quod neque tumultus neque incendii neque ruinæ neque naufragii causa depositum sit, in simplum ; ex earum autem rerum quæ supra comprehensæ sunt in ipsum in duplum.

Eum autem deponere tumultus vel incendii vel cæterarum causarum gratia intelligendum est qui nullam aliam causam deponendi habet quam imminens ex supra scriptis periculum : — Hanc ita jurisconsultus comprobat dispositionem : merito has causas deponendi separavit prætor quæ continent fortuitam causam depositionis ex necessitate descendentem non ex voluntate proficiscentem. Hæc autem separatio causarum justam rationem habet, quippe cum quis fidem elegit nec depositum redditur contentus esse debet simplo; cum vero extante necessitate deponat crescit perfidiæ crimen et sic pæna criminis et publica utilitas coercenda est vindicandæ reipublicæ causa; est enim inutile in causis hujusmodi fidem frangere.

Actio depositi contraria datur ad repetendos a depositore sumptus quos circa rem depositam fecit : sic actione depositi conventus servo constituto cibariorum nomine apud eumdem judicem utiliter experietur. Ex hâc etiam causa actio depositi datur quod servus depositus damnum depositario dederit furtumve ei fecerit.

CODE NAPOLÉON

De la forme des donations entre-vifs et des testaments.

(Art. 931 à 942, — 967 à 1001.)

La donation a été, dans toutes les législations, considérée comme un principe de droit naturel inséparable du droit de propriété. En effet, tout homme, en vertu du pouvoir absolu qu'il exerce sur tout ce qui compose son patrimoine, peut aliéner à titre gratuit ou à titre onéreux ; et Justinien a considéré cette idée comme une vérité exempte de démonstration, lorsqu'il a dit « que rien n'est plus convenable et conforme à l'équité naturelle que la volonté du propriétaire qui veut transférer sa chose à autrui reçoive son exécution. » (Inst., l. 2, t. 1, § 40.)

C'est à cause de ce penchant naturel qu'a tout individu de récompenser un service rendu, ou une amitié quelquefois trop égoïste pour être véritable, que le législateur a dû tracer des règles et imposer des formes pour prévenir l'abus des libéralités et sauver les familles d'une imprudente dissipation. Il n'anéantit pas le principe, mais l'enchaîne dans de justes bornes pour en empêcher les nuisibles excès.

Ce n'est pas seulement pour sauver l'individu de sa propre faiblesse en retardant sa précipitation et provoquant des réflexions sérieuses que le Droit civil a établi des formalités, mais encore pour donner à ce mode d'aliénation une stabilité irrévocable et le mettre à l'abri des fraudes qui auraient pu être pratiquées par des actes sous seing-privé. Aussi la loi a voulu que la donation fût faite en la forme authentique.

Elle a dérogé sur ce point à la règle générale des contrats qui, suivant le Droit commun, se forment par le seul consentement. Dès que les volontés concourent, le contrat existe.

Pour la donation, l'authenticité est requise, non pas seulement comme un moyen de preuve, mais comme un élément constitutif du contrat, comme une solennité en l'absence de laquelle il ne saurait se former.

Cet acte doit être passé devant deux notaires, ou un notaire assisté de deux témoins. Pendant longtemps, la pratique n'exigea pas la présence réelle des témoins lors de la formation du contrat, et les notaires se contentaient de recevoir plus tard leur signature. Enfin, le législateur, frappé des inconvénients que cet abus pouvait entraîner, porta, le 21 juin 1843, une loi par laquelle il décida que la présence du second notaire ou celle des témoins était nécessaire, au moment de la lecture et de la signature de l'acte, sous peine de nullité.

Il doit aussi être dressé en minute, afin de lui donner un caractère de stabilité qui le distingue des actes sous seing-privé, en assurer l'irrévocabilité et mettre la donation à l'abri de toute altération et de toute fraude.

Comme contrat entre-vifs, la donation ne peut être faite que par le concours de deux volontés. C'est d'une part l'offre par le donateur et l'acceptation par le donataire ; sans cela, l'offre ne serait que la manifestation d'une volonté dénuée de tout effet civil, en vertu de ce principe : « *Non potest liberalitas nolenti adquiri.* »

L'acceptation, nous dit l'article 932, doit être faite en termes exprès. Cette disposition nous écarte tout-à-fait de la théorie des contrats. Nous y voyons, en effet, que le consentement des parties est suffisamment manifesté, soit par leur signature, soit par la mention dans l'acte de leur présence au moment où il a été dressé.

Ici, au contraire, la mention expresse de l'acceptation est requise comme une forme essentielle, et la présence du donataire ou sa signature ne constitue pas une acceptation valable. Cette prescription de la loi est pleinement justifiée, si l'on considère, comme nous l'avons dit en commençant, que les donations ont toujours été vues avec défaveur, et que si le législateur n'a pu prohiber l'exercice d'un droit naturel, il a dû cependant créer des entraves et multiplier les causes de nullité d'un acte qui enlève aux familles leurs chères espérances, et dont la cause passionnée peut être désapprouvée dans beaucoup de cas.

Les donations faites en faveur du mariage sont dispensées d'acceptation expresse, non pas qu'elles soient affranchies de l'acceptation elle-même, puisqu'elles ont le caractère d'un contrat, mais seulement de la solennité de l'acceptation, c'est-à-dire de la mention expresse faite par le donataire qu'il accepte la libéralité qui lui est faite. (Art. 1087.)

Il n'est pas pourtant nécessaire que cette volonté se manifeste par des paroles sacramentelles ; une telle rigueur serait incompatible avec la simplicité de notre Droit. La forme authentique est nécessaire pour l'acceptation, parce qu'elle est de la même nature que la donation, et, pour le motif ci-dessus relaté, multiplier les chances de nullité.

A défaut d'acceptation, la donation est nulle et n'engage pas le donateur, qui peut la révoquer à sa volonté ; car, aux yeux de la loi, il n'y a pas ce que les Romains appelaient « *Duorum in idem placitum consensus.* »

De ce que l'offre doit être acceptée, il n'est pas à dire pour cela qu'elle doive l'être au même instant qu'elle est faite, par un seul et même acte. Les volontés qui concourent à la perfection de la donation peuvent être manifestées séparément, à des époques et devant des notaires différents, mais du vivant du donateur. Il est nécessaire que cette acceptation soit connue du donateur ; lorsqu'elle a été faite en dehors de sa présence, elle doit lui être notifiée, afin qu'il sache que désormais il est lié et obligé à la prestation de la chose donnée.

La donation est parfaite par le seul fait de l'acceptation, formalité substantielle et de l'essence même du contrat. Dès que le concours des volontés a eu lieu, indépendamment de toute autre forme et par sa seule force, elle opère la transmission des biens offerts. La notification, au contraire, n'est qu'une formalité accessoire introduite en faveur du donateur. D'où il suit que les héritiers du donataire ou ses créanciers pourront eux-mêmes notifier l'acceptation.

Ces règles ne s'appliquent qu'aux donations directes et non à celles qui sont déguisées sous l'apparence d'une vente, d'un contrat à titre onéreux, ni à celles qui sont parfaites par la seule tradition.

La donation n'exigeant pas la présence réelle du donataire, celui-ci pourra accepter par procureur ; mais la procuration devra être faite suivant les formes tracées par la loi. Elle doit être authentique, car en cette matière tout doit porter un caractère de certitude et de stabilité ; et une procuration sous seing-privé n'atteindrait pas le but de la loi, à cause des difficultés qui pourraient être élevées sur son existence même. De plus, elle doit être spéciale, c'est-à-dire ayant pour objet l'acceptation d'une donation particulière, ou tout au moins de celles qui pourraient advenir au donataire. L'article 933 nous dit encore qu'une expédition doit être annexée à la minute de la donation ou de l'acte d'acceptation. Donc la procuration doit être passée en minute, et celle qui aurait été faite en brevet ne serait pas valable, selon la rigueur des principes. Cependant la plupart des auteurs admettent que le brevet aurait la même force que l'expédition, quoique contraire au formalisme que le Code paraît avoir adopté en cette matière.

Une femme ne peut accepter une donation sans le consentement de son mari, car les libéralités peuvent imposer certaines charges dont la femme ne peut apprécier la valeur, à cause de son inexpérience des affaires. De plus, il importe, dans l'intérêt des bonnes mœurs autant que dans l'intérêt de la puissance maritale, que le mari sache et approuve les causes de la donation offerte à sa femme. Quelquefois, cependant, le refus du mari pourrait être injuste et dépouiller sa famille d'un bénéfice et d'un bien-être certain ; aussi la justice pourra suppléer à ce refus en autorisant la femme à accepter la libéralité.

Le mari ne peut pas accepter pour sa femme ; car, d'après l'article ci-dessus énoncé, il n'est pas regardé comme son procureur légal, puisqu'il doit être muni d'une procuration spéciale et authentique, et qu'il n'y a de représentants légaux que ceux désignés par la loi.

Le tuteur, au contraire, représente son pupille, et il doit accepter pour lui les donations qui lui seront faites. C'est un mandat qui lui est confié et dont il est responsable. Mais il ne pourra agir seul et devra prendre l'avis du conseil de famille, plus apte que lui à distinguer les véritables intérêts du mineur auquel il est attaché par des liens de famille. Toutefois, les père et mère tuteurs de leurs enfants mineurs n'ont pas besoin d'obtenir cette autorisation.

Les ascendants pourraient accepter les libéralités faites à leurs enfants, et cela les uns à défaut des autres ; car il peut arriver que les ascendants immédiats soient absents ou aient un intérêt personnel à empêcher la donation de valoir au profit du mineur. Cette disposition de la loi est tout-à-fait conforme au principe d'équité naturelle qui porte les ascendants à faire prospérer et augmenter la fortune des enfants auxquels ils sont unis par des liens de sang et d'affection.

Pour faire ou accepter une donation, de même que pour la formation de tous les contrats, il faut que la volonté des parties se manifeste d'une manière certaine et non équivoque. Peu importe le mode de cette manifestation, pourvu qu'elle existe et qu'elle soit bien comprise de tous les contractants. De cette règle, nous déduirons pour conséquence que le sourd-muet pourra accepter une donation. Cependant l'article 936 a restreint ce principe dans des limites bien étroites et n'a accordé le privilége de l'acceptation qu'au sourd-muet qui sait écrire. A celui-là seul elle a conféré le droit d'agir par lui-même, veiller sur ses intérêts et peser les avantages ou les désavantages d'une libéralité. Considérant les autres comme incapables et dépourvus d'intelligence, elle leur refuse toute participation à la vie civile, comme si la nature ne leur avait donné les lumières de l'esprit qu'à la condition d'être cultivées par l'enseignement.

Certains auteurs ont trouvé une regrettable lacune dans cet article pour les sourds-muets dont l'intelligence est assez dévéloppée pour se faire comprendre et comprendre les autres. Mais si l'on veut raisonner de bonne foi, on est forcé de reconnaître combien est logique et sage cette prescription de la loi. En effet, l'écriture, à défaut de la parole, est la transmission la plus claire de la pensée; la pantomime, il est vrai, peut s'élever à l'expression la plus profonde et la plus vraie, mais rarement ceux qui doivent s'exprimer ainsi atteindront ce degré de perfection. Aussi la loi a dû considérer l'intérêt général et ne pas s'arrêter à l'exception; car le langage du geste, tout expressif qu'il puisse être, donnerait souvent lieu à des équivoques et à de désastreux mécomptes dans l'acceptation des donations onéreuses. La loi a sagement suppléé à la nature en introduisant le curateur qui accepte pour eux, et l'article 936 est un bienfait qui les relève de leur triste infirmité et sauvegarde leurs intérêts.

Les hospices, les établissements publics, sont des personnes morales toujours en minorité, et ne peuvent agir que sous la tutelle de l'Etat. En effet, sans l'assemblage des individualités qui les composent, les établissements d'utilité publique forment une personne civile; elles possèdent, sont propriétaires, vendent, acquièrent et ont aussi capacité pour recevoir entre-vifs. Mais établies avec l'autorisation du gouvernement, elles doivent la requérir encore pour recevoir à titre gratuit. La raison de cette mesure est fondée sur ce principe d'économie politique, que de trop grandes richesses ne doivent pas s'accumuler dans ces établissements, qui acquerraient, par les dépouilles de nombreuses familles, une prépondérance dangereuse. L'Etat, qui a veillé à leur formation, doit aussi prendre soin de leur conservation et de leur police.

L'art. 938 a été établi pour abolir certaines formalités consacrées par les anciennes coutumes et mettre l'unité dans la législation. Dans les pays coutumiers, la donation n'était parfaite que par la tradition réelle ou feinte de la chose. Le Droit écrit, au contraire, n'exigeait pas cette formalité, regardant la donation comme parfaite par le seul consentement.

Le Code a adopté ce principe fondé sur la législation romaine, dont il a reproduit les dispositions. (L. 35, C. § 5. *De donationibus.*)

Toutefois, il y a une inexactitude dans l'énoncé de cet article, puisque la donation est un contrat solennel et ne se forme pas *solo consensu.*

Le consentement n'a pas seulement pour conséquence la perfection de la donation, mais encore il transporte par son seul effet la propriété du donateur sur la tête du donataire, et équivaut à une tradition de fait. Ce droit ne sera pas pourtant absolu et n'existera qu'entre contractants. Le donateur qui a cessé d'être propriétaire vis-à-vis du donataire, continue de l'être à l'égard des tiers qui traitent avec lui, et toute aliénation ou hypothèque consentie en leur faveur conserve son entier effet, et le donataire ainsi dépouillé n'aura qu'un recours en dommages et intérêts contre le donateur, sans qu'il puisse se prévaloir de son insolvabilité. Il n'acquerra un droit incommutable sur la chose donnée qu'autant qu'il aura soumis l'acte qui le constitue propriétaire à la formalité de la transcription dont il est parlé ci-après.

Avant la rédaction du Code, toutes les donations étaient soumises à la formalité de l'insinuation, destinée à leur donner une certaine publicité et à leur faire produire leur effet à l'égard des tiers. La transcription, établie dans le même but, sembla faire double emploi avec l'insinuation, et cette dernière fut supprimée. Mais tout en la remplaçant, la transcription ne reposait pas sur les mêmes principes et ne devait pas produire les mêmes résultats. En effet, l'insinuation devait être faite pour toutes les donations mobilières ou immobilières, et avait pour but d'informer les héritiers du donateur des charges imposées à la succession. La transcription, au contraire, n'est requise que pour les donations immobilières, et afin de rendre le donataire propriétaire à l'égard des tiers. Elle n'a été établie que dans son intérêt, aussi est-ce à lui et non au donateur à la requérir ; il y est même obligé, s'il veut assurer l'effet de la donation vis-à-vis des tiers, et qu'elle produise des résultats contr'eux. La loi a tiré de là cette conséquence, qu'il ne devait pas être imposé de délai pour l'accomplissement de cette formalité, considérant l'intérêt personnel, comme le meilleur excitant à la diligence : elle l'a ainsi distinguée de l'insinuation qui devait avoir lieu dans les quatre mois du jour de la date de la donation.

La loi soumet à la transcription tous les biens susceptibles d'hypothèque, mais elle n'a pas entendu s'en rapporter à l'article 2118, dont la définition est trop limitative. Evidemment, sa pensée a été de soumettre à cette formalité toutes les donations, qui y étaient assujetties sous l'empire de la loi de brumaire an 7.

Après avoir mis en lumière ce principe, que c'est au donataire à faire la transcription, puisqu'elle est dans son intérêt propre et qu'elle le regarde exclusivement, nous avons à rechercher comment la loi a sauvegardé l'intérêt des incapables.

Si le donataire est une personne qui n'ait pas capacité pour agir par lui-même, c'est à son mandataire légal qu'est confié le soin de veiller à l'accomplissement d'une formalité qui a de si grands résultats. Lorsque ceux-ci y mettent de la négligence, les incapables eux-mêmes pourront la requérir, car la transcription est une formalité purement matérielle, et qu'on n'a besoin, pour y procéder, d'aucune autorisation.

Cette faculté, accordée explicitement à la femme par l'article 940, doit aussi être étendue aux mineurs en vertu de ce principe qu'ils peuvent toujours rendre leur condition meilleure. Cela résulte d'ailleurs des articles 2139 et 2194, qui permettent aux mineurs de prendre inscription à défaut de leurs représentants légaux, et offrent, pour le cas de transcription, une analogie décisive.

L'article 941 précise les conséquences du défaut de transcription et désigne les personnes qui peuvent s'en prévaloir contre le donataire négligent.

Le donateur ne pourra point se prévaloir de l'absence de cette formalité, puisqu'elle n'est requise que dans l'intérêt du donataire et des tiers. Mais la question de savoir si ses héritiers pourront attaquer la donation qui n'a pas été transcrite, n'est pas résolue de la même manière par tous les auteurs. Les uns inclinent pour l'affirmative, et leurs adversaires pour l'avis contraire admis par la jurisprudence. Cette dernière opinion nous paraît fondée sur ce que les héritiers ne peuvent avoir plus de droit que ceux qu'ils représentent. La loi n'a eu en vue, dans cette disposition, que d'ouvrir un recours à ceux qui auraient traité avec le donateur à titre onéreux, comme les acquéreurs et les créanciers.

Pour le tiers-acquéreur, la donation non transcrite est nulle, puisque la seule formalité qui pouvait lui faire connaître l'aliénation n'a pas été accomplie. Peu importe qu'il en ait eu connaissance par d'autres voies; tant que la donation n'est pas transcrite, elle est présumée ignorée des tiers, et nulle preuve contraire n'est admise contre une présomption, sur le fondement de laquelle la loi dénie l'accomplissement en justice. C'est sur le fondement de cette présomption que la loi refuse au donataire le droit d'attaquer les aliénations faites par le donateur avant la transcription.

Cela est encore vrai pour les créanciers, et ils pourront toujours attaquer un acte imparfait à leur égard, qui tend à rendre leur condition pire en diminuant leur garantie. Peu importe qu'ils soient antérieurs ou postérieurs à la libéralité : s'ils sont antérieurs, ils ont toujours le droit de dire que leur gage n'a pu être diminué par une donation incomplète ; s'ils sont postérieurs, ils n'ont pas dû considérer comme sérieuse une libéralité qui ne s'est pas réalisée contre eux selon les préceptes de la loi.

Ce défaut de transcription ne peut être opposé par ceux qui sont obligés de procéder à cette formalité, ou par leurs ayant-cause ; car nul ne doit se faire un titre de sa négligence ou de son dol.

Les donations faites aux mineurs ne sont pas exceptées de la règle générale. Il n'est pas possible de faire valoir à leur profit des actes qui manquent des conditions essentielles à leur existence, et de les opposer à des tiers qui ont contracté de bonne foi. Quelque favorable que soit la cause des mineurs, elle l'est pourtant moins que celle des tiers, qui ont pour eux la loi et des contrats valables.

Toutefois, les incapables auront un recours contre leurs représentants légaux, s'il y a lieu ; car ce recours dépend des circonstances, et il convient de ne l'accorder qu'autant qu'il y a faute appréciable ; s'ils sont insolvables, les mineurs, les interdits ou les femmes mariées ne seront pas pour cela relevés, à l'égard des tiers, de la nullité de la donation, et l'inefficacité du recours de l'incapable ne peut rendre à la vie un acte anéanti.

De la forme des testaments. (Art. 967 à 1001.)

Section Ire. — *Règles générales.*

Nous avons démontré, en parlant des donations, que le droit de disposer par acte de dernière volonté découlait du droit naturel, et que la loi ne saurait en interdire l'usage sans exercer une violence condamnable sur la liberté humaine : elle a seulement pour mission de prévenir les abus que l'homme en pourrait faire.

Sous l'empire du Code, toute liberté est laissée au testateur pour la manifestation de sa volonté. C'est seulement son intention que l'on doit chercher à connaître dans l'interprétation de ses dispositions, et l'art. 967 a mis le testament à l'abri de tout danger en l'élevant au-dessus d'un formalisme subtil ; car la simplicité de notre droit se refuse à toutes les formalités minutieuses en usage dans la législation romaine, où, pour ne pas s'exposer à faire un testament nul, tout citoyen devait regarder comme une nécessité de recourir à l'art des jurisconsultes.

La loi a prohibé les testaments conjonctifs, parce que, dit Pothier, le testateur serait trop exposé aux suggestions de la personne avec laquelle il agit, et qu'en cette matière, la plus grande liberté de volonté doit être laissée à l'individu qui dispose pour le temps où il ne sera plus. Si la loi a autorisé les donations mutuelles, c'est qu'elle n'a pas eu les mêmes appréhensions pour le donateur.

En effet, le législateur a exigé du testateur une volonté plus explicite et plus libre, parce que disposant pour l'époque de son décès, il se montrerait plus facile dans sa libéralité, plus accessible aux séductions et aux entraînements qui n'ont point d'effet actuel ; tandis que le donateur qui se dépouille actuellement est plus circonspect et retenu par la nécessité où il se trouve de se lier sur-le-champ sans pouvoir se repentir, et le sentiment de sa propre conservation le met en garde contre toutes surprises.

La loi admet trois formes de testaments : 1° le testament olographe, 2° le testament public, 3° le testament mystique.

Avant d'étudier les règles qui se rattachent à chacun d'eux, nous entrerons sur quelques considérations générales sur leur ensemble.

De ce que la loi n'admet que ces trois modes de tester, il s'ensuit que tout testament doit être rédigé par écrit, en sorte que l'écriture n'est pas seulement requise comme moyen de preuve, mais encore comme une forme et une solennité, à l'absence de laquelle toute autre preuve ne pourrait suppléer. Quand même l'héritier avouerait qu'il est chargé d'une disposition verbale, cet aveu serait sans force et sans valeur, s'il refusait de l'accomplir; car la loi ne reconnaît pas et dispense d'exécuter une pareille disposition, suspectant facilement de fraude tout ce qu'on veut environner du secret, sans le confier à la foi de l'écriture.

Les Romains pouvaient faire leur testament verbalement ou par écrit. Le testament verbal, que les interprètes ont appelé nuncupatif, devait être fait en présence de sept témoins; il pouvait aussi être sanctionné par un écrit, mais l'écriture n'intervenait que comme moyen de preuve et non comme une forme essentielle du testament. (Justinien, Inst. *De test. ord.* § 14.)

Cette forme manquait de sûreté, car elle livrait à la mémoire fugitive des témoins la dernière et la plus chère volonté des hommes.

L'écriture forme si intimement l'essence du testament, que la loi n'a pas voulu qu'on pût le faire par signes ou par gestes; elle veut qu'il soit dicté par le testateur, ce qui exclut le langage d'action, quelque éloquent qu'il puisse être.

La preuve testimoniale ne peut pas non plus suppléer l'écriture, encore qu'il y ait un commencement de preuve par écrit, soit pour constater certaines dispositions verbales, soit pour changer celles qui sont consignées dans un testament, soit enfin pour leur substituer, sous prétexte d'obscurité, une volonté non exprimée. Mais ce n'est pas à dire pour cela qu'on ne puisse point recourir à des présomptions ou aux témoignages pour interpréter des expressions douteuses, obscures ou ambiguës.

Du testament olographe.

Le testament olographe jouissait d'une très grande faveur dans les pays coutumiers, où il était d'un usage presque journalier; tandis que, proscrit des pays de droit écrit, il n'était permis à personne de tester que devant témoins. L'art. 970 a fait cesser cette variété de législation, en introduisant dans toutes les provinces de la France le bienfait de cette forme, généralement pratiquée depuis dans les pays de droit écrit, qui en ont senti tous les avantages.

Plusieurs conditions sont nécessaires pour la validité du testament olographe.

La première est qu'il soit écrit en entier de la main du testateur. Ainsi celui qui se trouverait mélangé d'une écriture étrangère, serait nul pour le tout. En effet, il ne serait point olographe, puisqu'il porterait la trace de la coopération d'un tiers; on serait alors porté à supposer qu'une volonté étrangère est venue imposer son influence dans la rédaction de l'écrit, ce qui est tout-à-fait contraire à l'essence du testament olographe, et lui enlève sa spontanéité

Il est toutefois à remarquer que l'intervention d'une écriture étrangère ne vicierait le testament, qu'autant qu'il serait constant que le mot ajouté ferait partie des dispositions mêmes, comme par l'approbation qu'en aurait faite le testateur; autrement, dit Pothier, il serait au pouvoir d'un tiers, en la possession duquel le testament tomberait, de le détruire en y ajoutant un mot de sa main, ce qui évidemment ne saurait être.

Cette manière de tester a été spécialement établie dans l'intérêt du testateur, afin qu'il pût librement et plus facilement manifester sa volonté; aussi la loi n'a pas exigé de lui les formalités requises pour les actes publics. A part les trois conditions qu'elle exige, nulle forme n'est imposée; il suffit que la volonté du disposant se révèle sans incertitude. Ainsi le testament fait par lettre missive sera valable, pourvu que l'intention soit précise, formelle et dispositive, se référant à une époque postérieure à la mort, ayant en un mot le caractère de testament.

Il n'est pas non plus nécessaire qu'il soit fait sur papier timbré; peu importe la matière sur laquelle il est écrit, pourvu qu'il révèle un caractère suffisant de durée pour constater, au moment du décès, quelle a été la pensée du défunt. Les renvois et les ratures ne doivent pas rigoureusement être approuvés; le seul fait qu'ils sont écrits par le testateur les sauve de de toute critique, puisque le testament est son ouvrage, qu'il en est le seul ministre et qu'il importe peu que les renvois ou les ratures aient été faits après coup.

La seconde condition requise pour la validité du testament olographe, est qu'il soit daté.

Il est facile de comprendre la nécessité de cette condition : elle sert en effet à apprécier les circonstances du testament, la capacité du testateur au moment de la confection et son intégrité d'esprit. Il peut arriver aussi qu'il existe plusieurs dispositions testamentaires ; les premières seront révoquées par celles qui les ont suivies, et il importe, dès-lors, de pouvoir désigner quelles sont les premières ou les secondes, afin d'en apprécier la validité.

Dans le langage du droit, le mot date, ne se référant qu'au temps, devra contenir l'indication des jour, mois et an ; celle du lieu ne sera pas nécessaire, car il importe peu de préciser l'endroit où le testament a été fait, puisque l'usage en est général et commun à tous les citoyens. La date peut être écrite en chiffres ou énoncée de toute autre manière, pourvu qu'elle indique une époque précise et déterminée.

L'erreur de date pourra être suppléée par des inductions, toutes les fois que la rectification ressortira du testament même et non d'ailleurs, car on peut toujours rectifier une erreur lorsqu'elle est le fait évident de l'inadvertance, de l'oubli ou du hasard. La fausseté de la date, de quelque manière qu'elle soit prouvée, équivaudra à l'absence même, car cette erreur sera presque toujours le résultat d'un dol. La loi ne détermine pas la place qu'elle doit occuper, et le testateur sera libre de la placer où il voudra, pourvu qu'elle le soit de manière à pouvoir être certifiée par la signature.

Le testament olographe fait foi de sa date et possède par lui-même un caractère d'authenticité aussi étendu que l'acte notarié, en ce sens qu'il porte avec lui la preuve de ce qu'il contient. En effet, le testateur est placé en quelque sorte à la hauteur d'un officier public, qui imprime un caractère de certitude à l'acte dont il est le ministre. A l'abri de toute influence étrangère et livré à sa seule inspiration, il ne peut être suspecté de fraude, lorsqu'il certifie par sa signature que ce qu'il a écrit est conforme à la vérité et à sa volonté.

La troisième condition requise pour la validité du testament olographe est la signature du testateur. C'est elle, en effet, qui sanctionne ses dispositions, leur sert de complément et atteste qu'elles sont véritablement son ouvrage. D'où Pothier conclut qu'elle doit être placée à la fin de l'acte, puisqu'elle en est le couronnement et la perfection. Elle ne doit pas seulement être énoncée, mais encore apposée d'une manière nette et précise; elle est valable sous quelque dénomination qu'elle soit faite, pourvu qu'elle désigne avec sûreté l'identité du testateur, qu'elle concorde avec le nom sous lequel il était connu dans le monde et qui servait à le distinguer des autres individus : *Nomina enim significandorum hominum reperta sunt.*

Quoique le testament olographe ait la force d'un acte public, il n'en est pas moins, par l'écriture, un acte sous seing-privé, et, comme tel, sujet à la vérification d'écriture, ne faisant pas foi jusqu'à inscription de faux. (Art. 1324.)

La loi ne dit pas, comme elle le fait pour les actes publics, que le testament olographe doit être écrit en français, d'où l'on peut conclure qu'il sera valable en quelque langue qu'il soit écrit, puisqu'il est l'expression de la volonté du testateur.

Du testament public.

Dans le moyen-âge, plusieurs personnes avaient capacité pour recevoir un testament : c'étaient les curés, les officiers de justice et les notaires. Sous l'empire du Code, ces derniers ont seuls reçu cette mission, encore même ne peuvent-ils procéder seuls, et doivent être assistés d'un second notaire et de deux témoins, ou bien de quatre témoins. Quoique la loi ne dise pas que le testament public doive être fait *uno contextu* et sans divertir à d'autres actes, qu'elle ne s'explique à cet égard que pour les testaments mystiques, la prudence conseille cette mesure aux notaires, parce que, dans l'intervalle des séances, les révélations d'un témoin pourraient donner l'éveil aux personnes intéressées et donner lieu à des suggestions et captations toujours inutiles.

L'acte doit être fait en minute et non en brevet, et la loi du 25 ventôse an XI, sur le notariat, a tracé, pour les actes publics, des règles dont on ne peut se départir. Aucune expédition ne peut en être délivrée du vivant du testateur, car les dispositions qu'il renferme ont un caractère secret, destinées à ne recevoir exécution qu'après son décès, et dont personne ne peut se prévaloir avant cette époque. Toutefois, une décision ministérielle du 25 avril 1809 permet aux notaires de délivrer expédition au testateur, même sans qu'il soit nécessaire de recourir à la formalité préalable de l'enregistrement.

D'après la loi de ventôse, un notaire ne peut instrumenter que dans l'étendue de son ressort, à peine de nullité des actes qu'il dresserait et de tous dommages et intérêts; c'est là seulement qu'il est officier public; partout ailleurs, il n'est qu'une personne privée. Il en serait de même si le notaire était suspendu de ses fonctions. Serait aussi frappé de nullité, le testament qui contiendrait quelques dispositions au profit du notaire qui le reçoit, car ils ne doivent avoir aucun intérêt dans les actes qu'ils dressent.

Les actes ordinaires peuvent être rédigés par le notaire, en l'absence des parties, sur les instructions qu'il a reçu d'elles, et sur simples notes. Quant au testament, il ne peut être rédigé qu'en la présence du testateur et sous sa dictée. Cette prescription de la loi a pour but de mettre le testateur en même de contrôler ses propres pensées, de peser les expressions qu'il emploie, afin de bien s'en rendre compte; elle est, en outre, une garantie que le testament sera l'œuvre du testateur seul. La rédaction sur simples notes ne répondrait pas toujours très exactement à ses intentions; à plus forte raison s'il se contentait de répondre aux questions qui lui seraient faites, dont il ne comprendrait pas toujours la portée, ou qui pourraient être insidieuses, tandis que tous les doutes seront écartés si le testateur prononce lui-même, et de son propre mouvement, ses dernières volontés et s'il en est le seul interprète.

La dictée doit être faite en présence des témoins, parce que le testament ne se compose pas seulement de l'écriture, mais encore de la série des opérations qui concourent à sa perfection.

Il doit être écrit tel qu'il a été dicté, c'est-à-dire que le notaire doit prendre soin de reproduire les expressions dont se sert le testateur; cependant la loi ne pousse pas l'exigence jusqu'à l'absurde, en l'astreignant à conserver les fautes de la dictée; elle lui enjoint seulement de s'en rapprocher autant que possible, et d'exprimer fidèlement la pensée du testateur. Le notaire doit écrire lui-même le testament, et celui qui serait écrit par des clers serait frappé de nullité. Le testateur ayant fait ses dispositions, doit vérifier si sa volonté a été exactement reproduite; c'est afin d'atteindre ce but que lecture doit être donnée de sa rédaction. De cette manière, le disposant pourra réformer, modifier et faire de nouvelles additions à son testament.

La formalité de la lecture est tellement essentielle, que le testament serait nul, si elle n'avait pas été remplie; elle doit être faite en présence des témoins, car ceux-ci certifient par leur signature que l'écrit est conforme à ce qui a été dicté par le testateur, et à ce qui a été lu par le notaire.

Le testament doit porter par lui-même la preuve de l'accomplissement de ces formalités, car un acte aussi important doit se soutenir par ses propres forces, sans avoir besoin d'aucun secours étranger. C'est pour cela que la loi exige que le notaire mentionne en termes exprès, et sur l'acte même, que chacune des formalités qu'elle impose a été régulièrement accomplie. En effet, dans cette mention, il y a preuve légale que le vœu de la loi n'a pas été trompé ; car le caractère du notaire, la présence des témoins qui n'auraient pas manqué de réclamer contre la fausseté d'une assertion qu'ils justifient comme véritable, et enfin celle du testateur plus intéressé que tout autre à leur accomplissement, sont autant de preuves légales que la mention constate la vérité. Nulle place ne lui est assignée ; il suffira, par conséquent, qu'elle soit exprimée dans le corps de l'acte et se rapporte aux dispositions qui la précèdent comme à celles qui la suivent, en un mot, à l'ensemble du testament.

Lorsqu'il est parfait, cet acte fait foi en justice, et tout son contenu est valable jusqu'à inscription de faux.

Comme acte public, le testament doit être revêtu des formalités prescrites, pour la validité des actes notariés, par la loi de ventôse an XI.

Le testateur doit ratifier ses dispositions par sa signature, et compléter ainsi toutes les solennités ; quoique mal formée, le vœu de la loi sera rempli, si elle révèle suffisamment l'identité de l'individu et le distingue des autres. Le notaire doit constater son apposition, ou bien indiquer la cause de son absence ; et s'il arrivait que le testateur déclarât ne pas savoir signer alors qu'il pourrait le faire, cette fausse déclaration entraînerait la nullité du testament.

C'est aussi dans le but de confirmer ce qui a été écrit par le notaire et de certifier la vérité des mentions que contient le testament, qu'est requise la signature des témoins ; elle est un complément si essentiel de l'acte, que si le testateur venait à décéder avant qu'elle eût lieu, le testament n'aurait aucune valeur. Cette formalité est aussi importante que les autres, puisque la loi l'a imposée avec la même précision, et si le testament doit sortir à effet lorsqu'il est parfait, son imperfection au moment du décès du disposant entraînera sa nullité, car on ne peut achever après la mort d'un homme un acte de dernière volonté qu'il a laissé imparfait.

Quelque importante que soit cette formalité, la loi a dû cependant se relâcher de sa rigueur lorsqu'elle a eu à lutter contre l'ignorance d'une population peu nombreuse. Elle a exigé la présence de quatre témoins dans les villes et les localités populeuses, où il est facile de trouver des hommes qui puissent, par leur signature, fortifier l'autorité du testament.

Mais dans les campagnes, où les familles sont éparses et peu nombreuses, privées pour la plupart de toute connaissance littéraire, il eût été très difficile et souvent impossible de trouver des témoins sachant signer. Il ne fallait pas cependant refuser à ces populations l'avantage de faire des testaments; aussi une exception a été introduite en leur faveur, et la loi a déclaré suffisante la signature d'un seul témoin, lorsque le testament est reçu par deux notaires, et celle de deux, lorsqu'il est reçu par un seul.

La loi romaine, se fondant sur ce que l'héritier institué était continuateur de la personne du défunt, tandis que les légataires n'étaient que des successeurs aux biens, avait refusé au premier, à ses enfants et à ses frères soumis à la puissance du même chef, le droit d'être témoins au testament fait en sa faveur, tandis qu'elle l'accordait aux légataires. (Inst., l. 2, t. 10, § 10, 11.)

Le législateur français a montré plus de rigueur et de sévérité sur les qualités des témoins testamentaires, d'abord parce que leur nombre en était plus restreint et qu'ils devaient par cela même être exempts de tout reproche et de tout intérêt. Aussi a-t-il voulu que celui qui serait gratifié d'un legs quelque modique qu'il fût, même à titre rémunératoire, ne pourrait être témoin, et que sa présence serait une cause de nullité du testament. N'est point seulement écarté celui qui a un intérêt personnel, mais encore ses parents ou alliés jusqu'au quatrième degré inclusivement, afin qu'on ne puisse suspecter aucune influence.

Les parents ou alliés du testateur n'ont pas été compris dans la prohibition de l'article 975, et c'est en vain qu'on voudrait invoquer contre eux la loi de ventôse, puisqu'elle n'a statué que sur les parents ou alliés des parties contractantes, et que le testament n'est pas un contrat. La loi romaine excluait les parents du testateur, mais cette disposition était fondée sur les principes de la puissance paternelle, d'après lesquels tous les membres d'une même famille ne constituaient qu'une seule et même personne et ne pouvaient avoir qu'un seul et même intérêt; mais ces motifs n'existant plus aujourd'hui, on ne saurait en faire une saine application.

D'ailleurs, le Code Napoléon est la loi unique et complète des testaments, et puisqu'il définit avec la plus exacte précision la capacité spéciale des témoins, on ne saurait aller chercher ailleurs des dispositions qu'il n'a pas voulu s'approprier

Les clercs de notaire ne pourront pas être témoins dans les testaments reçus par leur patron, puisqu'ils se trouvent sous son autorité et sa dépendance; à bien plus forte raison seront exclus ses domestiques, qui ont beaucoup moins d'indépendance.

La nullité provenant de la présence d'un témoin incapable ne porte pas seulement sur la disposition à laquelle ce témoin est intéressé, mais encore sur tout le testament; car la forme des actes est indivisible, et les nullités qui y touchent sont absolues.

Du testament mystique

Le testament mystique est celui que la loi environne de plus de solennités, car il s'agit de garantir, non-seulement la volonté du testateur, mais encore l'identité de l'écrit qui contient les dispositions et de celui sur lequel on écrit l'acte de suscription. Il est ainsi appelé, parce que les dispositions en sont secrètes, ignorées complètement du notaire et des témoins, et à l'abri de tout regard curieux. La seule chose connue est que l'écrit présenté par le testateur contient ses dispositions de dernière volonté.

Cette forme a été empruntée au Droit romain, où elle portait le nom de testament solennel. A la différence du testament nuncupatif, il devait être écrit par le testateur ou par toute autre personne, et l'écriture n'intervenait pas comme moyen de preuve, mais comme une solennité essentielle. Il était présenté clos et enveloppé à sept témoins qui signaient l'enveloppe et y apposaient leur sceau; enfin, on devait procéder à toutes ces opérations dans le même temps. (Inst., l. 2, t. 10, § 3.)

Le Code a suivi presque pas à pas les règles tracées par le législateur romain, ainsi que nous allons le voir ci-après :

1° Le testateur doit écrire lui-même ses dispositions, ou les faire écrire par une tierce-personne, et les sanctionner ensuite par sa signature; toutefois, cette dernière prescription n'est pas essentiellement obligatoire, puisque il sera requis, comme nous le verrons, un septième témoin lorsque le testament ne sera pas signé. (Art. 977.)

Ainsi, une personne qui ne sait ni écrire ni signer pourra faire un testament mystique. Nulle formalité n'est imposée au testateur pour la confection de l'écrit ; il pourra agir librement, sans avoir à redouter aucune nullité.

2° Lorsque le testateur a écrit ses dispositions, il doit clore et sceller le papier ou l'enveloppe qui le renferme. On a longtemps et vivement discuté sur la nature et la portée de ce scellement ; mais il nous paraît que le vœu de la loi sera satisfait, lorsque, d'après l'état matériel de la pièce, la clôture en aura été faite avec des précautions qui protégent le secret des écrits et ne permettent pas de les ouvrir sans les briser, et qu'il y aurait une sévérité déraisonnable à prétendre que toutes les précautions seraient vaines si la substance qu'on a employée ne restait pas gravée par un sceau laissant des traces apparentes : « *Dum tamen habeat formam insculptamque signis imaginem.* » On comprend qu'on exigeât une pareille formalité à Rome, où l'usage des sceaux était général ; mais aujourd'hui, on ne peut plus argumenter sans danger de ces antécédents ; ce serait prendre, comme l'a dit un auteur, des choses tombées en désuétude pour des réalités.

Lorsque l'enveloppe ou le cachet portent des traces d'altération, et qu'une substitution du testament paraît avoir été possible, on n'est plus obligé de reconnaître pour les vraies dispositions du défunt le papier qui se trouve sous cette enveloppe ; car alors il n'y a plus de certitude sur l'identité de l'écrit, ni sur la vérité de son contenu.

3° Le testament doit être présenté clos et scellé au notaire et aux témoins, ou bien il doit être procédé à cette opération en leur présence. Le testateur doit, en outre, déclarer que le papier présenté est son testament écrit par lui ou par un autre, signé ou non signé. Ces déclarations sont très importantes, car elles servent à constater l'identité des dispositions, et si le testateur a déclaré avoir écrit lui-même son testament, et qu'après son décès l'on trouve sous le cachet un écrit fait par une main étrangère, on sera forcé de conclure qu'il y a eu erreur et que ce testament n'est pas celui que le défunt a eu l'intention de produire. Cependant la prudence exige que l'on use de cette sévérité avec un certain tempérament ; et si à l'écrit présenté comme ayant été fait par un tiers, il se trouvait quelques traces de l'écriture du testateur, il faudrait voir un oubli involontaire dans cette énonciation incomplète, surtout lorsque l'essence du testament n'est pas altérée et qu'il est facile de reconnaître que ce qui est ajouté n'est qu'une modification faite par le disposant.

Les témoins auxquels sera présenté le testament devront être au nombre de six au moins, sachant tous signer, car l'exception de l'article 974 ne leur est pas applicable. Le rôle des témoins du testament public est, en effet, bien différent. Ici, la dictée solennelle est une haute garantie de la spontanéité de volonté, et la présence du notaire entouré de témoins, qui constate, avec l'autorité qui lui appartient, la vérite de ce qui a été dit, est pour le législateur une raison de confiance qui lui a permis de diminuer le nombre des témoins et de se passer de la signature de quelques-uns d'entr'eux.

Mais le testament mystique, dont toutes les dispositions sont secrètes, va chercher toute sa force probante dans l'acte de suscription et dans les faits qu'il constate. Or, comme les fraudes auraient éte très possibles en pareil cas, la loi a dû les prévenir et vouloir que la certitude qui manque à cette forme de testament, sous le rapport de la dictée, fût remplacée par les attestations d'un plus grand nombre de témoins pouvant tous certifier par leur signature ce qu'ils ont vu et entendu.

La loi s'est montrée très facile à l'égard des témoins de l'acte de suscription du testament mystique, car ils n'ont à certifier que l'accomplissement des faits matériels, et nulle condition ne leur est imposée. Ainsi, l'héritier ou le légataire qui aurait écrit les dispositions du testateur pourrait être témoin, puisque le contenu lui est légalement inconnu. En effet, la personne qui a écrit l'acte intérieur ignore si la pièce présentée est ou n'est pas celle à laquelle il a prêté son ministère, et ne peut avoir aucune incapacité légale.

4° Il devra être dressé un acte de suscription, c'est-à-dire un procès-verbal énonçant avec soin les formalités prescrites par la loi : ainsi il devra constater, soit expressément, soit par équipollents, la présentation du papier faite par le testateur au notaire et aux témoins, l'état dans lequel il se trouvait, c'est-à-dire s'il était clos et scellé, ou bien s'il ne l'a été qu'en leur présence, et enfin la déclaration par le testateur que cet écrit contient ses dernières volontés. Sans ces diverses mentions, on ne pourrait guère comprendre en quoi consiste l'acte de suscription.

Il devra être écrit sur le papier même où le testament a été consigné, ou sur la feuille servant d'enveloppe. Cette formalité ne pourrait être suppléée par un procès-verbal de présentation dressé sur une feuille séparée et distincte. Le notaire devra lui-même écrire l'acte, et l'art. 979 lui impose formellement cette obligation.

Il est important de remarquer que le notaire n'est pas obligé de mentionner expressément l'accomplissement de toutes ces formalités, et que l'art. 972 n'est pas applicable au testament mystique. On doit, par conséquent, admettre ici une certaine latitude, pourvu toutefois que du rapprochement des circonstances signalées et des faits matériels il résulte que le procès-verbal de suscription contient tout ce qui est essentiel pour sa validité. Ainsi, le notaire sera dispensé de mentionner que l'acte a été écrit sur la feuille même du testament ou sur son enveloppe, et qu'il a été dressé de sa propre main.

Il doit être daté et signé, lecture préalablement faite, par le testateur, les témoins et le notaire. Ces formalités ne sont pas particulières à l'acte de suscription, mais communes à tous les actes publics.

Le testament mystique n'est qu'un simple projet, tant qu'il n'est pas revêtu de l'acte de suscription; mais à partir de ce moment, il devient authentique. Ces deux actes sont, dès-lors, unis entr'eux d'une manière indissoluble et ne forment plus qu'un tout portant en lui-même le caractère de l'authenticité. D'où il suit qu'il n'est plus sujet à dénégation d'écriture ou de signature, qu'il fait foi en justice jusqu'à inscription de faux.

Quelques auteurs soutiennent que le testament mystique, nul en la forme, ne peut valoir comme testament olographe; mais l'opinion contraire est généralement admise, pourvu que toutes les conditions exigées pour la validité du testament olographe soient accomplies; car, dit M. Toullier, « le choix d'un genre d'acte n'exclut pas tout autre acte dont les formalités se trouvent avoir été remplies, à défaut de celles qui pouvaient valider celui que l'on avait d'abord choisi. » C'est ainsi qu'aux termes de l'art. 1318, l'acte qui ne vaut pas comme authentique par défaut de formes, vaut cependant comme écriture privée, s'il a été signé des parties. D'ailleurs, la forme mystique n'est le plus souvent qu'une précaution prise par le testateur pour mieux assurer l'exécution de sa volonté, qui ne peut être anéantie par ce surcroît de formalités, sans lesquelles le testament aurait pu avoir son entière exécution.

Lorsque le testateur n'a pas signé ses dispositions, il doit être appelé un septième témoin, qui, comme les autres, assistera à leur présentation et à l'ensemble des opérations : mention sera faite de la cause qui a nécessité la présence de ce témoin supplémentaire. Le défaut de cette mention, à laquelle, d'ailleurs, nulle place n'est assignée, entraînera la nullité de l'acte.

Pour tester en la forme mystique, il est nécessaire de savoir lire, non pas seulement l'imprimé, mais encore l'écriture de main, car les testaments s'écrivent et ne s'impriment pas. Celui qui sait lire peut vérifier si l'écrivain a fidèlement reproduit ses dispositions, tandis que celui qui est privé de cet avantage ne peut exercer ni surveillance ni vérification, et dans son ignorance, il pourrait présenter un écrit qui ne serait pas l'expression fidèle de sa volonté. Aussi, l'aveugle ne pourra tester en cette forme, car il pourrait se tromper sur l'identité du papier présenté, et serait exposé à des erreurs et à des surprises contre lesquelles son état de cécité ne lui permettrait pas de se mettre en garde. Quoique la loi ait exigé que le testateur fût en état de vérifier l'exactitude de ce qui a été écrit par un étranger, elle ne lui a pas imposé l'obligation de le faire, ni de mentionner que cette précaution a été prise. Elle s'en est rapportée en cela à sa propre inspiration, supposant que la prudence lui ferait faire ce que son intérêt lui conseillait.

Nous avons vu plus haut que le muet ne peut pas tester en la forme publique; mais l'art. 979 lui reconnaît la capacité de faire un testament mystique, attendu que la nuncupation n'est pas nécessaire, l'écriture jouant ici le principal rôle. Mais elle lui a imposé certaines obligations auxquelles ne sont pas assujetties les personnes placées dans le droit commun. Ainsi, il devra d'abord faire un testament olographe, le présenter ensuite aux notaires et aux témoins, devant lesquels il écrira au haut l'acte de suscription que le papier qu'il présente est son testament; tandis que celui qui a sa pleine capacité n'est pas tenu d'écrire, de dater et de signer son testament, puisque à défaut de cette dernière formalité il est requis un témoin supplémentaire.

Si l'impossibilité de parler provient d'une cause accidentelle, et que le testament soit écrit par une main étrangère, on devra considérer la capacité de l'individu au moment de l'acte de suscription pour déterminer les règles qui lui sont applicables; car, jusque-là, le testament est privé de toute force légale, c'est la déclaration du testateur qui le rend définitif et lui imprime le caractère de disposition de dernière volonté.

La loi n'a pas seulement voulu que les témoins n'eussent aucun intérêt au testament (art. 975), mais elle a encore exigé d'eux d'autres qualités. Ainsi, ils devront être mâles, majeurs, sujets de l'Empire et jouissant des droits civils.

1° Les femmes ont toujours été exclues, soit en France, soit à Rome, de la puissance publique, et ne peuvent pas, par conséquent, concourir comme témoins à la confection d'un testament : « *Non conveniens est mulieres in cœtibus hominum versari.* » D'ailleurs, leur inexpérience des affaires les rend incapables de reconnaître les fraudes qui pourraient être pratiquées dans le testament.

2° La loi civile a fixé la majorité à vingt-un ans révolus, comme étant l'âge où l'homme a généralement atteint l'expérience nécessaire à la vie et le complet développement de ses facultés intellectuelles.

3° Les témoins doivent être sujets de l'Empire, c'est-à-dire citoyens français, et quoique le Code ait souvent varié dans les mots, il n'a pas entendu changer le fond des choses, mais seulement approprier les termes à la constitution politique de chaque époque. Quelques auteurs, cependant, ont voulu voir des différences dans ces diverses dénominations, et ont entendu par *regnicoles* ou *republicoles* les habitants du royaume ou de la république, ce qui aurait eu pour résultat immédiat d'admettre les étrangers comme témoins. Cette opinion ne peut être soutenue, comme contraire à l'esprit de la loi et démentie par la législation romaine, qui exigeait que le témoin instrumentaire d'un testament fût citoyen romain.

4° Il est nécessaire que les témoins aient, non pas seulement la jouissance, mais encore l'exercice des droits civils. Ainsi, les interdits ne peuvent être témoins dans un testament. La loi de 1854, abolitive de la mort civile, a cependant laissé subsister certaines peines qui enlèvent la capacité au coupable ; telles sont les peines afflictives et infamantes et celles déterminées par les articles 28 et 42 du Code pénal.

Il ressort encore de l'esprit de la matière que les témoins doivent être connus, car autrement il serait impossible d'établir leur capacité. C'est seulement à l'époque du testament qu'elle doit être considérée : « *Conditionem testium*, dit Ulpien, *inspicere debemus cum signarent, non mortis tempore. Si igitur tunc cum signarent tales fuerint ut adhiberi possent nil nocet si quid posteà eis contigerit.* » (D., l. 22, § 1. *Qui test. facere possunt.*)

Le témoin testamentaire est toujours présumé capable, et c'est à celui qui conteste de fournir la preuve de son incapacité. Si donc le témoin a été généralement tenu pour capable, peu importe qu'il ait une incapacité secrète. (Inst., l. 2, t. 10, § 7.) Cette capacité putative doit être soutenue par la croyance générale, la notoriété publique et encore par une série d'actes multipliés qui lui donnent de la consistance et en forment une possession d'Etat.

Section II. — *Des règles générales sur la forme de certains testaments.*

Les règles prescrites pour le testament militaire, maritime, celui fait en temps de peste ou en pays étranger, sont purement énonciatives et ne peuvent donner lieu à beaucoup de difficultés; la faveur des personnes et la force des circonstances n'ont pas permis au législateur de les soumettre à une trop grande rigueur.

A Rome, le testament militaire subit, à diverses époques, plusieurs modifications et finit par perdre toute sa faveur. Auguste, voulant attirer beaucoup de citoyens sous les drapeaux, lui rendit tous ses anciens priviléges, et Justinien le réglementa d'une manière définitive, le dispensa des formes ordinaires et lui accorda la plus grande facilité. Mais les priviléges accordés aux militaires cessaient de valoir un an après qu'ils avaient quitté les drapeaux.

Ces testaments furent aussi en usage dans notre ancien Droit français et pouvaient être faits de vive voix, sans aucune formalité.

La législation actuelle lui a aussi accordé ses faveurs et conservé beaucoup de simplicité. Le notaire est remplacé par un chef de bataillon, ou tout autre officier supérieur. Il peut aussi être reçu par deux commissaires de guerre (aujourd'hui sous-intendant militaire), et même par un seul, en présence de deux témoins; en cas de maladie, l'officier de santé, assisté du commandant militaire chargé du service de l'hospice, peut aussi le recevoir.

Ce privilége du tester militairement n'est accordé qu'à des militaires ou à ceux qui sont employés dans les armées, lorsqu'ils sont en expédition, en quartier ou en garnison hors du territoire français, en France dans une place assiégée ou dans tout autre lieu dont les communications sont interrompues pour cause de guerre. Tout militaire est réputé être en expédition, lorsqu'il est employé à un service se rattachant à une manœuvre quelconque contre l'ennemi.

A la différence du Droit romain, le Code ne conserve la validité du testament que pendant les six mois à partir desquels le militaire a quitté le service, ou est revenu dans un lieu où il peut tester en la forme ordinaire. Lorsque, avant l'expiration de ce délai, le militaire est rappelé sous les drapeaux, le testament sera valable; car deux expéditions sont censées n'en faire qu'une, et qu'il est conforme à l'équité de venir en aide au soldat qui n'a pas été le maître de choisir son temps, et qui reste toujours exposé aux difficultés et aux périls qui avaient motivé le privilége dont il a joui dans sa première campagne.

Les testaments faits en temps de peste doivent jouir des mêmes priviléges que le testament militaire; car, comme la guerre, les maladies contagieuses interrompent les communications, et il n'est pas possible d'accomplir selon les formes prescrites les actes ordinaires de la vie civile.

Aussi voyons-nous que la législation romaine s'était, en faveur de pareils motifs, relâchée de la rigueur de ses principes. Ces sortes de testaments seront reçus par le juge de paix ou l'un des officiers municipaux, en présence de deux témoins. Ce privilége sera accordé même à ceux qui ne sont pas atteints de la contagion; car, dans les lieux qui sont infectés du fléau, on évite avec le plus grand soin toute relation avec les habitants, et la même difficulté de tester dans les formes ordinaires existera aussi pour les personnes encore saines. Cet avantage cesse d'avoir son effet lorsque la cause qui l'a provoqué aura cessé d'exister.

Les marins et employés de marine ont aussi été dispensés de tester en la forme ordinaire, à cause de l'impossibilité de le faire. L'officier commandant le navire de guerre assisté de l'officier d'administration, et sur un navire marchand, l'écrivain assisté du capitaine, maître ou patron, ou ceux qui les remplacent, auront capacité pour recevoir le testament fait en mer. La différence qui existe entre la marine de l'Etat et la marine marchande, quant à la personne qui reçoit le testament, s'explique par cette considération, que le capitaine d'un navire marchand peut être excellent marin sans posséder l'instruction nécessaire pour recevoir un testament; aussi, cette mission a été confiée à l'écrivain, qui est censé être l'homme le plus lettré de l'équipage. Toute personne voyageant sur un navire en cours d'expédition pourra tester en cette forme.

Le testament maritime sera fait en double original, et l'un d'eux sera déposé, lors de l'arrivée du navire dans un port étranger, entre les mains du consul, et dans un port français, au préposé de l'inscription maritime, puis envoyé par eux au ministre de la marine, qui en ordonnera le dépôt au greffe de la justice de paix du domicile du testateur. Il sera fait mention de cette remise en marge du rôle du bâtiment, afin que les parties intéressées puissent trouver des renseignements sur l'existence du testament. Ces précautions doivent être prises pour en prévenir la perte, le soustraire aux dangers du naufrage et aux périls de la navigation; elles sont purement conservatoires, et leur omission ne saurait entraîner la nullité de l'acte.

Le privilége du testament maritime cessera lorsque le navire abordera à un port étranger, où il se trouvera un officier public; car il n'a été introduit qu'à cause de l'impossibilité de tester en mer suivant les formes ordinaires. Il devra être fait suivant les solennités usitées dans le pays où l'on se trouvera. Si le port où l'on aborde est soumis à la domination française, à défaut d'officier public, le chancelier du consulat, assisté du consul et de deux témoins, pourra recevoir le testament; car s'il en était différemment, l'individu qui ne sait pas écrire serait privé de l'avantage d'avoir un testament valable. Toutes ces dispositions sont communes aux testaments faits par les passagers qui ne font point partie de l'équipage.

Cette forme de tester ne sera valable que si le testateur décède pendant la traversée, et s'il survit, pendant trois mois à partir du jour où il sera descendu à terre; car, dans cet intervalle, il lui aura été possible de se transporter en un lieu où il pourra tester suivant les formes ordinaires. La loi a frappé de nullité toutes dispositions faites en faveur des officiers de vaisseau, à moins qu'il n'existe entr'eux et le testateur quelque lien de parenté, afin de laisser au disposant la liberté de ses actes; car les circonstances de la navigation donnent aux officiers une influence et une autorité dangereuse pour les gens de l'équipage.

Les divers testaments dont nous venons de parler devront être signés par le testateur, celui qui le reçoit et l'un des témoins; une mention sera faite de la cause qui a empêché le disposant ou le second témoin d'apposer sa signature.

Lorsqu'un Français se trouve dans une nation étrangère, il a, comme dans sa patrie, le droit de disposer par acte de dernière volonté; la loi ne saurait lui en refuser l'exercice, même hors des lieux où elle exerce son pouvoir, et l'art. 999 le sanctionne d'une manière positive. Elle a cependant limité ce droit en désignant les formes suivant lesquelles le testament doit être fait, et n'a reconnu que la forme olographe ou la forme authentique usitée dans le pays où le testateur se trouvera. Il est, en effet, conforme au droit des gens et à l'équité que les actes publics fassent foi entre les diverses nations, et que le Français puisse, sans incertitude sur l'exécution de sa volonté, se servir du seul mode que les circonstances l'ont forcé d'adopter. Le commerce des peuples ne pourrait plus exister, si celui qui est en pays étranger trouvait les lois de sa patrie incrédules aux actes faits dans une autre nationalité, et qu'il ne lui fût pas tenu compte d'un emprunt que la nécessité l'obligeait à faire. Mais quant à son exécution, il sera soumis en France aux formalités prescrites par l'art. 1000, qui ne touchent pas à sa validité.

Ce n'est pas sans de graves motifs que le législateur a fait dépendre de solennités extraordinaires la volonté des mourants, et la rigueur avec laquelle il prononce la nullité des testaments pour les moindres contraventions aux formalités prescrites, prouve l'importance qu'il y attache. Dans toutes les législations, on a senti que ce n'était que par ce moyen qu'il était possible d'empêcher les fraudes et les suggestions funestes qui assiégent plus particulièrement ceux qui disposent pour le temps où ils ne seront plus; et si les précautions ne préviennent pas toujours les piéges de la cupidité, elles sont le plus souvent une garantie de l'indépendance du disposant. C'est pour ces motifs qu'un testament public, nul par défaut de forme, ne saurait produire aucun effet comme testament ni comme commencement de preuve par écrit, et si la loi a dérogé à ses principes pour le testament mystique, c'est qu'elle a trouvé dans le testament olographe, fait selon les formes de droit, une preuve entière et certaine de l'indépendance du disposant et de la sincérité de sa volonté.

PROCÉDURE CIVILE

De l'appel et de l'instruction sur appel, excepté les art. 464, 465 et 473.

Quoique d'un usage assez fréquent dans la législation romaine, le système des appels n'a pas paru aux jurisconsultes de cette époque jouir de cette importance, qui repose sur l'utilité ou le mérite de toute institution. Tout en l'organisant, ils paraissent douter de son efficacité, et Ulpien nous dit « qu'un jugement peut être aussi bien rendu par les premiers juges que par les seconds; que ces derniers peuvent même réformer dans un mauvais sens une sentence d'abord bien rendue. » (Ulp., D., l. 49, t. 1. *De appellationibus.*)

Dans le moyen-âge, l'appel ne pouvait pas exister, car d'un côté la présomption d'infaillibilité du jugement de Dieu, et de l'autre la force brutale, rendaient impossible le triomphe de la raison ; et lorsque, plus éclairés que les autres, certains rois voulurent organiser un système d'appel, ce ne fut que pour créer un monopole aux gens de robe, qui, par des longueurs interminables ayant pour cause la multiplicité des juridictions, trouvaient moyen de dévorer la fortune des plaidants.

Sous la République française, où tout semblait conjuré pour briser la dernière pierre de la féodalité, l'Assemblée constituante, dans la crainte des excès passés, repoussa d'abord la voie de l'appel. Elle finit cependant par en reconnaître l'utilité, et pour être fidèle à son système d'égalité, les tribunaux du même ordre furent constitués juges réciproques les uns des autres. Sous le Consulat furent établies les Cours d'appel, chargées de contrôler, sur la demande des parties, les sentences des tribunaux inférieurs. Il y eut, dès-lors, deux degrés de juridiction, et il ne pouvait y en avoir davantage.

Toutes les causes ne jouirent pas cependant de cette faveur, et certaines en furent privées à raison de la modicité de la valeur contestée, qui aurait pu être complètement absorbée dans les frais du procès. Ainsi s'opéra la division des jugements en premier et dernier ressort déterminés par les lois de 1790 et 12 avril 1838. Les jugements qualifiés en premier ressort sont ceux qui peuvent être attaqués par la voie de l'appel, tandis que ceux prononcés en dernier ressort n'y sont pas sujets; la sentence des premiers juges est souveraine et à l'abri de tout contrôle.

La loi précitée ayant déterminé quelles causes sont en premier ou en dernier ressort, on est naturellement porté à rechercher pourquoi le Code de Procédure indique avec tant de précision quels sont les jugements dont l'appel est ou n'est pas recevable.

L'article 453 est fondé sur l'obligation imposée aux tribunaux de qualifier leurs jugements en premier ou dernier ressort. D'après cette qualification, les parties connaissent la marche qu'elles ont à suivre, si elles peuvent ou non interjeter appel, car les juges sont censés faire une saine application de la loi. En outre, la sentence portée en dernier ressort donne lieu à l'exécution du jugement, tandis que dans l'autre cas, comme nous le verrons bientôt, l'appel est suspensif d'exécution. C'est donc sur la fausseté ou l'absence de cette qualification que le législateur a déclaré l'appel recevable ou non recevable (article 453.) « Seront sujets à l'appel les jugements qualifiés en dernier ressort, lorsqu'ils auront été rendus par des juges qui ne pouvaient prononcer qu'en première instance. Ne seront recevables les appels des jugements rendus sur des matières dont la connaissance en dernier ressort appartient aux premiers juges, mais qu'ils auraient omis de qualifier, ou qu'ils auraient qualifiés en premier ressort. » Il y a encore lieu à l'appel, lorsque le tribunal qui a rendu le jugement est incompétent. Dans ce cas, les juges de l'appel n'auront qu'à statuer sur la question de compétence et non sur la validité de la qualification, ni sur le fond de la cause. Si l'incompétence est établie, l'affaire sera renvoyée devant le tribunal ayant qualité pour connaître de la demande; dans le cas contraire, le jugement sera confirmé.

L'appel a pour effet de suspendre l'exécution du jugement. Cette règle posée par l'art. 457 s'explique par la nature même de cette voie de recours. En effet, la sentence des premiers juges n'est pas définitive, irrévocable, puisque, sur la demande de l'une des parties, sa sanction ou son infirmation est subordonnée à l'appréciation d'un tribunal supérieur auquel est dévolue une plénitude absolue de juridiction pour le nouvel examen de la cause. Celui qui a triomphé en première instance, ne peut se prévaloir de son jugement et passer outre à l'exécution, puisque cette sentence ne porte pas le caractère de certitude et d'irrévocabilité attaché aux jugements en dernier ressort. Mais pour produire cet effet, l'appel doit être recevable, c'est-à-dire fait suivant les formes et dans le délai prescrit par la loi ; sans cela, il n'y a point appel, car on ne saurait attribuer aucune force à un acte fait en dehors des prescriptions de la loi.

A côté de la règle générale, la loi a posé les exceptions. Ainsi l'appel ne sera pas suspensif, lorsque le jugement aura prononcé l'exécution provisoire dans les cas prévus par l'art. 135. Si, au contraire, l'exécution provisoire n'a pas été ordonnée lorsqu'il y avait lieu, l'effet de l'appel interjeté pourrait causer à la partie gagnante un préjudice très grave, peut-être même irréparable. De même un jugement non qualifié ou mal à propos qualifié en premier ressort, enlève, par la possibilité d'interjeter appel, le bénéfice de l'exécution dont l'intimé a le droit de se prévaloir ; cette qualification vicieuse ne peut évidemment lui faire supporter un retard qui compromettrait ses intérêts et son droit. C'est pour obvier à ces inconvénients qu'ont été introduites les exceptions du § 3 de l'art. 457 et celle de l'article 458. « A l'égard des jugements non qualifiés ou qualifiés en premier ressort, et dans lesquels les juges étaient autorisés à prononcer en dernier ressort, l'exécution provisoire pourra en être ordonnée par la Cour impériale à l'audience, et sur un simple acte. Si l'exécution provisoire n'a pas été prononcée dans les cas où elle est autorisée, l'intimé pourra, sur un simple acte, la faire ordonner à l'audience avant le jugement de l'appel. »

L'appelant peut aussi avoir à se plaindre que le jugement rendu en dernier ressort a été mal qualifié, ou que l'exécution provisoire a été ordonnée mal à propos ; dans ces deux cas, l'appel interjeté n'aura pas pour effet de suspendre l'exécution, puisque d'un côté les jugements en dernier ressort ne sont pas susceptibles d'appel, et que de l'autre l'exécution provisoire aura lieu malgré son recours. Il éprouve cependant une perte immense peut-être, car l'adversaire, en profitant des avantages du jugement rendu en sa faveur, ravit à l'appelant un bien qu'il ne pourra peut-être plus recouvrer à cause de l'insolvabilité de l'intimé lors du jugement sur appel.

C'est pour éviter ces lenteurs et sauvegarder ses intérêts que l'appelant pourra recourir aux art. 457, § 2, et 459.

Le Code, abandonnant l'application des anciennes ordonnances qui laissaient aux parties un très long délai pour interjeter appel, fixa à trois mois le terme après lequel ce recours ne serait plus recevable. Cette innovation détruisit les abus de l'ancienne législation, où les procès se prolongeaient au-delà de la vie des parties, et laissa en même temps un délai suffisant au défaillant, pour peser les arguments qui pourraient le faire triompher en appel.

Mais la partie condamnée peut ignorer à quelle époque le jugement a été rendu et les considérations qui l'ont motivé; il sera donc nécessaire qu'il en ait connaissance avant de continuer les poursuites, car autrement il serait le plus souvent exposé à de fâcheuses déceptions, et supporterait en pure perte des frais considérables. C'est pour prévenir ces inconvénients que la loi a voulu que le jugement fût signifié à personne ou à domicile, et que dès ce moment fût ouvert le délai de l'appel.

Ce recours est principal ou incident.

Lorsqu'il est principal, la signification fera courir ce délai contre les deux parties. Quelques auteurs ont adopté l'opinion contraire, en s'appuyant sur cette règle, « que nul ne se forclot lui-même » ; mais la partie qui a signifié le jugement est réputée en connaître les dispositions, et par là même en avoir apprécié la valeur. La signification qu'il a faite ne peut donc lui porter préjudice ni le surprendre. D'ailleurs, l'art. 443 ne distingue pas; il veut que l'appel ne soit plus recevable trois mois après la signification, par quelque partie qu'elle ait été faite.

L'appel incident pourra, au contraire, être interjeté en tout état de cause, c'est-à-dire, soit pendant les trois mois de la signification, soit même après. La raison en est facile à saisir, car tant que l'appel principal n'est pas interjeté, les parties sont censées se soumettre à la sentence des premiers juges; mais si à l'expiration du délai prescrit, l'une des parties rejette le jugement, l'autre devra aussi pouvoir user du même droit en ce qui lui est préjudiciable. Il serait, en effet, contraire à l'équité que l'une des parties pût, à sa volonté, fermer à l'autre toute voie de justification.

Toutes ces règles se rapportent aux jugements contradictoires.

Quant aux jugements par défaut, le délai est bien le même, mais ils diffèrent des jugements contradictoires, en ce que le point de départ n'est pas le même. Ici, en effet, l'appel n'est point recevable, tant que l'opposition peut être formée, soit qu'il s'agisse du défaut contre avoué ou contre partie. C'est, dans le premier cas, pendant la huitaine, à compter du jour de la signification à avoué; dans le second cas, jusqu'à l'exécution du jugement. A partir seulement de cette époque courront les délais de l'appel. Le motif de ces dispositions prévues par l'art. 443, § 2, et 455, est fondé sur cette raison qu'il est plus naturel de faire réformer par les premiers juges une sentence qu'ils ont rendue contre une partie qui n'avait pas présenté ses défenses, que de recourir à une juridiction supérieure; qu'il ne doit point, dès-lors, être accordé d'autres voies de recours, tant qu'il sera permis au défaillant de venir devant le même tribunal pour le redressement d'une erreur causée par son absence. La loi a aussi voulu, par cette mesure, sauvegarder autant que possible le respect dû à la justice, et empêcher les parties d'entrer dans une voie plus coûteuse et moins rapide, avant d'avoir recouru au premier degré de juridiction.

Le délai de trois mois est de rigueur, et ne peut être éludé par les parties. Faute d'appel interjeté dans cet intervalle, il y a déchéance absolue de ce droit, et, dès-lors, le procès se trouve terminé d'une manière définitive; cette déchéance ne peut être couverte par le silence des parties, et comme elle est d'ordre public, elle pourra être appliquée d'office par les tribunaux. Cela résulte de l'esprit même de la loi, du but qu'elle veut atteindre et des abus qu'elle avait à proscrire. Elle devait tendre à terminer les procès et à leur donner une solution prompte et définitive; tout en laissant aux plaidants une voie de recours, elle devait en fixer le terme, afin d'éviter des longueurs interminables, qui, tout en laissant la fortune des particuliers dans une situation précaire et incertaine, auraient encore pour inconvénient d'en absorber une grande partie dans une procédure ruineuse et prolongée.

D'après son caractère, cette déchéance doit être générale, c'est-à-dire s'appliquer à toutes personnes, quelle que soit leur nature ou leur qualité. La loi a voulu, par cette mesure, sauvegarder les intérêts des personnes qui peuvent y veiller elles-mêmes; à plus forte raison doit-elle prendre soin de ceux des personnes incapables. Le délai d'appel ne pouvait pas sans danger être prolongé en leur faveur, car ne pouvant agir elles-mêmes, un plus long intervalle, en endormant l'activité de leurs représentants légaux, aurait entretenu leur négligence et précipité la perte des intérêts confiés à leur soin. C'est ce que semble nous dire la fin de l'art. 444, lorsqu'il prescrit, par surcroît de précaution, la signification du jugement au subrogé-tuteur, afin que celui-ci, par la connaissance du procès où le mineur a succombé, puisse exciter la diligence du tuteur et l'avertir qu'il a pour mission de veiller avec soin sur la fortune de son pupille.

Toutefois, les représentants légaux et tous ceux entre les mains desquels a été confiée la fortune des incapables, sont responsables du défaut d'appel interjeté dans les délais de la loi. Ainsi ont été anéantis ces priviléges accordés, dans l'ancienne législation, aux personnes morales et aux corporations ; abrégés et réduits à une règle générale, ces délais prolongés qui donnaient à la chose jugée une fâcheuse incertitude.

A côté du principe, la loi pose les exceptions, et elle a prorogé le délai d'appel dans les cas des art. 447 et 448.

Le motif de l'exception de l'art. 447 est fondé sur cette idée que quoique l'héritier soit le représentant légal et le continuateur de la personne du défunt, il peut cependant ignorer l'existence du jugement et sa signification, et le silence de l'adversaire servirait à le maintenir dans une erreur préjudiciable, en ce qu'elle tendrait à laisser expirer le terme de l'appel. C'est pourquoi la loi a voulu que le délai fût suspendu par la mort de la partie condamnée, et qu'il ne pourrait reprendre son cours avant la signification faite à l'héritier. Comme dans beaucoup de cas il pourrait arriver que ce dernier fût inconnu, et cette ignorance entraîner de graves difficultés pour opérer cette signification, la loi a voulu qu'elle fût faite au domicile du défunt, sans qu'il soit nécessaire d'indiquer les noms et qualités de l'héritier.

Nous avons vu que l'appel pourra être interjeté pendant trois mois, à partir du jour de la signification du jugement; mais il peut arriver que l'intimé signifie de suite la décision qui lui donne gain de cause : l'appelant pourra-t-il interjeter aussi un recours immédiat? C'est à cette question que répondent les art. 449 et 450. Ces deux textes nous offrent deux idées corrélatives et qui sont la conséquence l'une de l'autre. Dans le premier, nous voyons que l'appel d'un jugement non exécutoire par provision ne peut être interjeté dans la huitaine du jour du jugement, afin de donner à la partie qui succombe le temps de la réflexion, l'empêcher d'agir avec trop d'emportement ou de légèreté, et tout appel interjeté dans cet intervalle doit être rejeté comme prématuré. Tandis que lorsque l'exécution provisoire a été déclarée, l'appel peut être interjeté de suite; cela s'explique en ce que tout homme cherche à défendre ses droits, lorsque ses intérêts se trouvent blessés. L'exécution se fera alors avec d'autant plus de précautions et de ménagements, qu'elle pourra être attaquée immédiatement. Donc si toute voie de recours est suspendue, toute exécution devra l'être aussi; car l'appelant ne peut être le spectateur tranquille et impuissant des actes qui tendraient à le dépouiller d'une partie de son patrimoine, perdu peut-être pour jamais.

Ainsi, tout jugement en premier ressort peut être exécuté tant qu'il n'est pas attaqué par l'appel; cette voie de recours est suspendue pendant la huitaine qui suit le jugement, donc l'exécution devra être aussi suspendue.

Nous avons, jusqu'ici, considéré le délai de l'appel comme se rattachant aux jugements définitifs; l'art. 451 détermine à quelle époque pourra être interjeté l'appel des jugements d'avant faire droit, et s'attache à les distinguer en préparatoires et interlocutoires.

Les jugements préparatoires ne pourront jamais être attaqués avant le jugement définitif, et doivent l'être concurremment à lui, parce que, ne préjugeant par le fond, ils ne peuvent causer des dommages ou des griefs actuels, et il ne peut, dès-lors, y avoir lieu à aucune réparation.

Les jugements interlocutoires, au contraire, pourront être attaqués de suite, sans qu'il soit besoin d'attendre le jugement définitif. Ici, il y a un dommage et un préjudice, éventuel il est vrai, mais qui n'en existe pas moins; il y a donc pour la partie lésée un intérêt d'appeler immédiatement, après toutefois que le jugement aura été signifié suivant la règle générale de l'art. 443.

Comme cette distinction pourrait amener beaucoup de difficultés d'application, parce que le sens de ces mots n'était pas nettement défini, la loi a pris soin de déterminer elle-même quels jugements sont préparatoires ou interlocutoires. Sont réputés préparatoires, dit l'art. 452, les jugements rendus pour l'instruction de la cause et qui tendent à mettre le procès en état de recevoir jugement définitif. Sont réputés interlocutoires, les jugements rendus lorsque le tribunal ordonne, avant dire droit, une preuve, une vérification, ou une instruction qui préjuge le fond.

Ainsi, ces deux sortes de jugements d'avant faire droit ne terminent pas le procès, mais contribuent à en hâter la solution. Tandis que les premiers ne sont que de simples mesures prises pour amener un sentence définitive, les autres sont de véritables jugements qui préjugent le fond de la cause, c'est-à-dire que lorsque le tribunal autorise l'une des parties à fournir une preuve, une vérification ou une instruction, il laisse, pour ainsi dire, la sentence à intervenir à la merci du résultat produit par l'évidence de la preuve ou la vérité de la vérification. C'est d'après le sens hypothétique de cette instruction, que sera préjugé le jugement définitif. Car, dès qu'un tribunal a consenti à s'éclairer par une preuve, il peut se refuser, après en avoir reconnu la vérite ou la fausseté, à en accepter la conséquence : que par le seul fait qu'il a, par un jugement, admis une décision, il ne peut venir ensuite la réformer, ou ne pas en tenir compte dans le jugement définitif. C'est précisément parce que cette décision est un véritable jugement qu'il est sujet à cet appel ; d'ailleurs, si les juges n'étaient pas forcés d'accepter et de confirmer le résultat éventuel de l'interlocution, les conséquences en seraient réellement monstrueuses et iniques, que la raison ne pourrait les accepter.

La manière d'interjeter appel indiquée par l'art. 456 a simplifié, avec beaucoup d'avantage, la procédure de l'ancienne législation. Plus de formalités longues et coûteuses ; un simple acte d'assignation suffira pour mettre l'intimé en demeure. Mais comme cet acte est le début de la procédure d'appel, il devra être signifié à personne ou à domicile. Quoiqu'il doive être fait dans la forme ordinaire des ajournements, toutes les formalités de ces derniers ne lui sont pas imposées sous peine de nullité. Nous voyons dans l'art. 462 que l'appelant doit signifier, par un acte particulier et spécial, ses griefs contre le jugement ; il serait donc inutile et superflu de les indiquer dans l'acte d'appel. Cela est encore vrai, alors même que l'art. 462 n'est pas applicable, c'est-à-dire lorsque les parties viennent à l'audience, sans écritures préalables. Il ne s'agit plus ici, en effet, de parties étrangères l'une à l'autre, qui ignorent réciproquement leurs moyens d'attaque ou de défense, mais au contraire de deux rivaux qui ont déjà développé toute la force de leurs arguments, et les ont produits au grand jour ; l'omission des griefs dans l'acte d'assignation ne peut donc les surprendre, ni leur porter le moindre préjudice.

Lorsque l'intimé a notifié à l'appelant sa constitution d'avoué, ce dernier devra, comme nous venons de le dire, signifier dans la huitaine ses griefs contre le jugement attaqué. Cette procédure suit une marche tout-à-fait inverse à celle des tribunaux de première instance; car, au lieu du défendeur, c'est l'appelant, c'est-à-dire le demandeur, qui vient le premier attaquer le jugement dont est appel. Huitaine après cette signification, l'intimé répond par des arguments contraires, et l'audience est poursuivie sur un avenir, comme dans les matières ordinaires.

Sont dispensés de cette procédure, les appels des jugements où l'intimé n'aura pas comparu, c'est-à-dire lorsqu'après l'acte d'appel il n'aura pas constitué d'avoué. Alors l'appelant poursuivra l'audience sans autre écriture. Cette prescription de la loi est bien naturelle : comment, en effet, l'appelant pourra-t-il faire ses significations, s'il n'y a pas d'avoué constitué? Lorsque l'intimé qui a triomphé en première instance a fait défaut, devra-t-on pour cela faire retomber sur lui sa non comparution? Evidemment, cela est impossible; car s'il en a agi ainsi, ce n'est que par une grande confiance dans la bonté de sa cause, qui lui paraît suffisamment défendue par le jugement rendu en sa faveur. Aussi n'adoptera-t-on pas facilement et sans examen les conclusions de l'appelant; ce ne sera qu'avec une extrême réserve que l'on réformera le jugement attaqué.

Les matières sommaires seront aussi portées à l'audience, sur simple acte et sans autre procédure. Cette exception n'est que la confirmation en appel de la disposition de l'art. 405 pour les jugements de première instance.

Il peut arriver qu'en première instance, une affaire se soit montrée sous des apparences obscures ou embarrassées, que l'instruction verbale n'a pu suffisamment éclairer. Le tribunal ordonnera alors une instruction par écrit, dont le résultat sera la condamnation du défendeur. La discussion sur appel devra-t-elle être vidée devant la Cour, suivant la même forme?

Il en était ainsi dans l'ancienne législation; mais l'art. 461 a fait cesser cet état de choses, voulant que tout appel, même de jugement rendu sur instruction par écrit, fût porté à l'audience. Cette prescription de la loi est fondée sur ce que la cause a dû se simplifier beaucoup par la discussion écrite, qu'elle a été éclairée par le premier jugement, et partant la décision à intervenir rendue plus facile aux juges de l'appel. De plus, c'est que les Cours, jugeant en nombre plus considérable que les tribunaux ordinaires, pourront plus facilement entrevoir la vérité à travers les complications qui pourraient exister.

Les art. 467, 468 et 470 étant purement règlementaires, il nous suffit de les citer pour mémoire.

La loi devait mettre un frein à l'ardeur de certains plaidants qui s'engagent avec trop de témérité dans la voie de l'appel, et ne craignent pas de compromettre, par un fol entraînement, la dignité du premier tribunal. Aussi a-t-elle voulu que le plaideur téméraire subît un châtiment et que le défaillant fût condamné à une amende. Mais cette sanction sera le plus souvent illusoire, à cause de sa modicité.

Cette amende ne sera pas encourue, si l'appelant triomphe seulement sur un seul chef, car il est, dès-lors, constant que pour ce chef il a bien fait d'appeler.

Il n'est pas nécessaire qu'elle soit consignée d'avance; mais lorsque l'arrêt sera rendu, il ne pourra en être délivré expédition qu'autant que cette consignation aura lieu.

Lorsque sur l'appel la Cour confirmera le premier jugement, il devra recevoir son plein et entier effet; l'exécution appartiendra au tribunal qui l'a rendu, et le recours sera considéré comme non avenu. Si au contraire la sentence a été infirmée, en vertu de l'effet dévolutif de l'appel, les seconds juges statuant sur le fond, en vertu d'une décision nouvelle, devront aussi connaître de son exécution. Ils pourront cependant, à raison de l'éloignement ou pour tout autre motif, commettre à cet effet un autre tribunal, pourvu toutefois qu'il s'agisse des questions d'exécution s'élevant entre les mêmes parties, car on ne pourrait dépouiller des tiers intéressés du bénéfice de juridiction du tribunal compétent.

Quant aux exceptions mentionnées par l'art. 472, l'exécution devra être poursuivie, par le tribunal déclaré compétent, par les articles relatifs à ses matières. (V. 794, 528 C. de Pr., 2210 et 822 C. N.)

La péremption en appel s'opère, comme en première instance, par la cessation de toute poursuite pendant une période triennale, et repose sur les mêmes règles (art. 470.) Elle n'a pas lieu de plein droit et se couvre par toute poursuite exécutée avant qu'elle ait été formellement demandée. Mais en présence des principes posés par l'art. 443, d'après lequel l'appel n'est plus recevable après l'expiration de trois mois, depuis la signification du jugement, on est porté à se demander quelle peut être l'utilité de l'art. 469, et dans quel cas il sera applicable. Il est évident que si aucune signification n'a été faite, il n'y a point déchéance du droit d'interjeter appel; mais si, avant cette signification, on a invoqué cette voie de recours, et que depuis cette époque les poursuites aient été suspendues pendant trois années, l'appelant sera, sur la demande de son adversaire, déchu de son droit. En vain dira-t-il que le jugement ne lui a pas été signifié ; le seul fait de l'appel interjeté avant cette signification et la cessation complète de toutes poursuites, donnera à l'intimé le droit de faire prononcer la péremption et d'assurer ainsi au jugement rendu en sa faveur l'effet indiqué par l'art. 469.

INSTRUCTION CRIMINELLE

De la manière de former et de convoquer le jury (art. 393 à 406, loi du 4 juin 1853, *sur la composition du jury,* art. 16 à 19).

Les membres du jury, proposés par le préfet et réduits à trente-six par le président de la Cour d'assises, conformément à l'art. 387, ne figureront pas tous dans les débats. La loi, en fixant à douze le nombre de ceux qui doivent siéger dans chaque affaire, a voulu que la capacité de chacun d'eux fût à l'abri de toute critique, et qu'aucune prévention ne pût s'élever contre eux. Il fallait donc pour cela que la liste fût assez étendue, afin que le choix se fît avec facilité et impartialité. Ce nombre de douze jurés semble réunir tous les avantages nécessaires pour une saine délibération et pour fixer avec certitude un jugement. Ce n'est pas, en effet, dans les assemblées nombreuses où l'on discute avec calme et conviction, car alors les passions trouvent dans la contradiction et l'amour-propre un aliment fécond à leur libre déchaînement, et le jugement de la majorité se trouve bien souvent indécis et arrêté sous la pression de la minorité.

Tous les jurés doivent coopérer à la délibération, et si quelqu'un s'en abstenait, ce ne serait plus un jury dans le sens de la loi, et il y aurait lieu à l'annulation de l'arrêt intervenu.

Pour assurer cet effet, mention spéciale doit en être faite dans le procès-verbal prescrit par l'art. 372, qui constate que toutes les formalités légales ont été accomplies.

Sous l'empire de la loi de brumaire an IV, trois jurés adjoints devaient figurer sur le tableau et prendre part à la délibération, lorsque leur avis était nécessaire, pour compléter la majorité. Sous la législation actuelle, ils ont été remplacés par les membres de la Cour, qui sont appelés à émettre leur opinion, lorsque l'accusé n'est déclaré coupable sur le fait principal qu'à une simple majorité (art 351). Cette disposition est très favorable à l'accusé, en ce qu'elle laisse aux juges le soin d'apprécier la décision du jury, et il est évident que sous ce point de vue leur opinion mérite beaucoup plus de confiance que celle des jurés adjoints, qui, le plus souvent, s'occupaient bien peu des débats, dans l'incertitude où ils étaient de n'être pas appelés à la déclaration du jury.

La liste des jurés, réduite par le président, doit être notifiée à l'accusé la veille du jour déterminé pour la formation du tableau dans une affaire spéciale, et non la veille de l'ouverture de la session. Cette notification ne peut être faite avant cette époque, afin que l'accusé n'ait pas le temps d'employer aucun moyen d'influence sur les jurés ; mais on ne peut pas non plus y apporter du retard, car ce serait lui enlever la possibilité de connaître leur moralité et le forcer d'agir sans discernement et sans motif réfléchi, dans les récusations qu'il pourrait faire.

Lorsqu'il y a plusieurs accusés, chacun d'eux doit recevoir particulièrement copie de cette notification. D'où il résulte qu'elle ne serait point valable, si elle était faite à tous par une seule copie, ou bien si elle était remise à une personne interposée. Dans ce dernier cas, il pourrait y avoir lieu à suspecter de négligence le tiers qui l'aurait reçue, et l'accusé pourrait même s'en prévaloir en alléguant que cette notification ne lui a point été faite.

L'art. 395 du Code d'Instruction criminelle a été complété par les art. 17 et 18 de la loi du 4 juin 1853. Il est dit, dans cet article, qu'indépendamment des trente-six jurés tirés au sort, le président doit encore tirer quatre jurés suppléants, et si, au jour indiqué par le jugement, le nombre est réduit à moins de trente par suite d'absence ou de toute autre cause, ce nombre est complété par les jurés suppléants. En cas d'insuffisance, par des jurés tirés au sort en audience publique, parmi les jurés inscrits sur la liste spéciale, et subsidiairement parmi les jurés de la ville inscrits sur la liste annuelle. Dans le cas prévu par l'article 90 du décret du 6 juillet 1810, lorsque les assises seront convoquées pour un lieu autre que celui où elles doivent se tenir habituellement, le nombre des jurés titulaires est complété par un tirage au sort fait en audience publique, parmi les jurés de la ville inscrits sur la liste annuelle. Le tirage au sort des jurés suppléants doit être fait publiquement, et un arrêt du 9 août 1810 déclare qu'il y a publicité suffisante lorsqu'il est fait à la chambre du conseil, en présence de la Cour.

Comme il est facile de le voir, cette loi a diminué de beaucoup les causes qui pourraient retarder la formation du jury; car s'il y en a d'excusés ou de dispensés, ils seront immédiatement remplacés par les jurés suppléants. En outre, le choix des citoyens pris dans la ville où siége la Cour pourrait causer du retard ou être difficile en ce qu'il y aurait lieu de vérifier leur capacité. Aussi, ce ne sera que lorsque le nombre des jurés suppléants sera insuffisant que l'on recourra à ce moyen.

Une fois formée, la liste du jury est valable pour toute la session; il n'y a plus que les récusations à opérer. Si, par suite d'une trop grande tolérance, on passait à la formation du tableau lorsque la liste est incomplète, il y aurait lieu à la nullité des débats, parce que l'accusé n'aurait pas eu dans son choix toute la latitude que la loi a voulu lui accorder. Si l'un des jurés portés sur la liste n'avait pas les qualités requises et qu'il ne fît point partie du tableau, il n'y aurait pas pour cela vice dans les débats; car on ne doit considérer le jury comme réellement constitué que lorsque le tableau a été formé, et la capacité de ceux qui le composent ne doit être considérée qu'autant qu'ils sont appelés à juger.

Les fonctions de juré étant purement honorifiques, imposent une charge et un dérangement à ceux qui les remplissent. Aussi, beaucoup s'en seraient dispensés, si la loi n'avait pas mis une sanction à l'obligation de comparaître; mais cette punition ne sera encourue qu'autant que la citation aura été faite conformément à l'art. 389, et s'il est constant qu'elle a été remise, l'irrégularité de l'acte ne pourra constituer une excuse valable. Il en serait autrement, si le maire ou l'adjoint qui a reçu la notification en l'absence de celui à qui elle est destinée ne l'avait pas communiquée; le juré, n'en ayant aucune connaissance, ne pourrait être passible d'aucune peine à raison de son absence.

Les peines portées contre le juré qui n'aurait pas répondu à l'appel de son nom, graduent suivant les circonstances. Celui qui aura fait défaut sera condamné, la première fois, à une amende de 500 francs; la deuxième fois, à 1,000 francs, et la troisième, à 1,500 francs. Cette dernière fois, il sera de plus déclaré incapable de remplir à l'avenir les fonctions de juré. Ces peines étant déterminées par la loi, il n'est pas au pouvoir de la Cour d'en modérer la rigueur; elles doivent être appliquées dans toute leur force, lorsqu'il y a lieu, à moins qu'il n'y ait d'excuse valable.

Cependant la loi de 1853 précitée, dans le § 19, a laissé une certaine latitude aux juges pour l'application de la première amende; ainsi au lieu de 500 francs, elle peut être réduite à 200. Cette latitude est limitée à ce seul cas, et le même paragraphe ajoute sans préjudice des autres dispositions de l'art. 396.

L'arrêt sera imprimé et affiché aux frais du juré absent, mais seulement dans le cas où il sera condamné pour la troisième fois. Cela résulte clairement de la disposition de l'art. 396; dans les autres cas, il ne sera passible que de l'amende et de la mention de son absence dans la note adressée par le préfet au Ministre de la justice, conformément à l'art. 391. Avant d'en donner avis au préfet, l'arrêt de condamnation devra avoir acquis la force de la chose jugée, c'est-à-dire que l'opposition ne sera plus recevable.

Le juré condamné pour la troisième fois, outre les frais d'impression et d'affiche, supportera aussi les frais d'exécution, telles que l'expédition et la notification de l'arrêt, alors même que par son opposition il se serait fait décharger de l'amende, car il est en faute de n'avoir pas présenté son excuse avant que l'arrêt de condamnation fût rendu.

Ces peines sont applicables, non-seulement au juré qui n'aura pas comparu, mais encore à celui qui, s'étant rendu à son poste, se serait retiré sans cause légitime; s'il a des motifs valables pour justifier son absence, il devra, avant de se retirer, les faire admettre par la Cour. Tous les jurés sont obligés de rester jusqu'à la fin de la session, leurs fonctions n'ayant pour terme que la solution de toutes les affaires en état d'être jugées. Quoique le sort ne les ait pas désignés pour faire partie du premier tableau, ils peuvent être appelés à composer le deuxième et les suivants, puisque, aux termes des articles 399 et 405, il doit être dressé un tableau spécial pour chaque affaire, immédiatement avant son examen.

Lorsqu'un juré a des motifs graves pour se dispenser de comparaître, il doit en donner connaissance à la Cour, chargée d'en apprécier le mérite. Sous la loi de brumaire an IV, lorsque l'excuse était rejetée, il devait être fait à celui qui l'invoquait une signification constatant la décision des juges, et l'ordre de se rendre au jour et lieu indiqués. Cette formalité était possible alors que la liste des jurés était communiquée au commencement du trimestre; mais elle ne l'est plus aujourd'hui que la modification n'est faite que huitaine avant l'ouverture de la session.

L'excuse étant fondée sur l'impossibilité de se rendre au jour indiqué, il est laissé à la Cour une libre appréciation de sa valeur; cependant l'art. 16 de la loi de 1853 a introduit quelques causes d'excuses que les juges ne pourront rejeter sur la demande des parties. Ainsi les sénateurs, les membres du Corps-Législatif pendant la durée des sessions et ceux qui auront rempli les fonctions de juré pendant l'année courante et l'année précédente, auront des excuses valables aux yeux de la loi.

Toute excuse doit être justifiée et constatée d'une manière légale, car on ne peut accepter comme certaine l'allégation du juré qui veut se dispenser de comparaître. La Cour doit encore vérifier les faits sur lesquels elle est fondée; s'ils sont reconnus faux, le juré sera condamné à un emprisonnement de six jours à deux mois, sans préjudice de l'amende (art. 236, C. P.) La peine sera augmentée contre le juré ou toute autre personne qui, pour s'affranchir de son service, aurait fabriqué, sous le nom d'un médecin, un certificat de maladie. La même peine sera encourue contre le médecin qui aurait faussement certifié l'existence d'une maladie (art. 159 et 160, C. P.).

C'est à la Cour d'assises à prononcer la peine; cela résulte de l'indivisibilité de l'instruction et des inconvénients qui résulteraient d'une marche différente. Il serait, en effet, contraire à la justice que la Cour prononçât une amende pour la non comparution et qu'un autre tribunal confirmât la validité de l'excuse.

Elle ne sera valable que s'il y a impossibilité absolue. Le législateur ne précise pas de quelle sorte d'impossibilité il s'agit. Dès-lors, celui qui sera retenu par une impossibilité morale, sera excusable, et le juré condamné à la contrainte par corps en matière civile, exposé à être arrêté en se rendant à son poste, aura une excuse valable qui devra être acceptée. En effet, s'il en était autrement et que le juré se présentât, il devrait être récusé par l'accusé ou par le procureur général, car il y aurait une grande immoralité à laisser siéger parmi les jurés, qui doivent inspirer la confiance et le respect, un homme qui serait exposé à être arrêté à la fin de la séance, pour la condamnation qu'il aurait encourue.

Les excuses seront jugées en la chambre du Conseil, puisqu'on doit prononcer sur elles avant la formation du tableau, qui doit être établie avant l'audience publique.

La loi ne veut pas que le tirage au sort pour la formation du tableau et les récusations soient faites publiquement, car s'il est toujours désagréable de supporter une récusation même non motivée, il le serait bien davantage si elle était faite en présence du public. En outre, c'est que si les premières ne sont pas motivées, on peut se trouver dans le cas où elles doivent l'être, et l'énoncé des causes toujours plus ou moins fondées pourrait souvent blesser l'honneur et la délicatesse des jurés.

Au sortir de chaque bulletin de l'urne, l'accusé est invité à déclarer s'il récuse le juré dont le nom s'y trouve porté ; ce droit lui appartient en premier ordre. Le procureur général peut user du même droit et faire autant de récusations. Mais par une faveur spéciale, lorsque les jurés sont en nombre impair, l'accusé peut en récuser un de plus. Les récusations peuvent être faites jusqu'à ce que la liste soit réduite à douze ; mais ce n'est pas à dire pour cela que si l'accusé avait des raisons valables pour récuser un des jurés restant, il ne pourrait le faire, sauf à la Cour d'apprécier la valeur des motifs. Si l'on ne faisait pas droit à sa demande, il pourrait y avoir lieu à l'annulation de l'arrêt de condamnation.

Il ne faut donc pas entendre dans un sens trop étroit l'art. 400, qui veut que les récusations s'arrêtent lorsqu'il ne restera que douze jurés. Evidemment, la pensée du législateur, en déterminant jusqu'à quel point les récusations pourraient être faites, n'a pas été de les empêcher lorsqu'il y aurait des raisons valables.

S'il y a plusieurs accusés, ils pourront se concerter pour opérer les récusations, ou en charger l'un d'eux ; mais ils ne pourront excéder le nombre fixé pour un seul. S'ils ne se concertent pas, c'est par la voie du sort que sera déterminé le rang dans lequel ils doivent les faire. Les noms des accusés sont tirés successivement de l'urne, et le premier sortant sera d'abord interrogé, et ainsi de suite, de telle sorte que le juré ne sera admis que lorsqu'il n'aura été récusé par aucun d'eux, ni par le procureur général.

S'ils ne se sont concertés qu'en partie, la loi leur donne encore le moyen de faire individuellement les récusations qu'ils jugeront convenables.

Il est à remarquer avec quelle sollicitude le législateur a facilité aux accusés le moyen de se constituer un jury qui ait toute leur confiance. Les complications ou les lenteurs ne l'arrêtent pas lorsqu'il s'agit de leur être favorable, et il avertit par là les juges que jusqu'à la condamnation, ils ne doivent voir dans l'accusé qu'un innocent.

Les excuses et les récusations ne sont plus proposables lorsque l'examen est commencé, tandis que les incapacités ou les incompatibités peuvent être relevées en tout état de cause ; car il n'y a de jury légal que celui qui est constitué suivant les préceptes de la loi, qu'il est composé de douze personnes ayant qualité pour remplir de telles fonctions.

Lorsque le jury se trouve formé, qu'il a été procédé aux récusations et statué sur tous les incidents auxquels sa formation aurait pu donner lieu, il sera procédé à l'examen immédiat de la cause, afin que les jurés ne puissent subir l'influence d'aucune pression étrangère à laquelle le legislateur a voulu les soustraire par cette mesure et beaucoup d'autres dispositions de la loi.

Nous avons déjà dit que le tableau du jury ne peut servir que pour l'affaire pour laquelle il a eté formé et qui doit être jugée dans la session. D'où il suit que s'il y a eu renvoi, il faudra procéder à la formation d'un nouveau tableau, car la défense d'appeler le même jury est absolue. Les membres qui le composent sont sans caractère après la fin de la session pour laquelle ils avaient été convoqués.

Le législateur a craint que s'ils restaient juges de l'accusé, ils ne fussent exposés, dans l'intervalle, à trop de séductions. Le renvoi peut être fait avant l'examen de la cause (art. 306, 308), ou bien pendant son cours (art. 331, 352, 354).

S'il a été fait avant, il n'y a aucune raison pour exclure les jurés de la liste générale de la session suivante ; tandis que si l'examen était commencé lors du renvoi, aucun juré compris dans le tableau ne pourrait être réélu.

L'acte d'accusation peut être divisé, nous dit l'art. 390 ; de sorte que l'accusé n'est mis en jugement que sur une partie des délits. Mais cette division ne peut être faite après la formation du jury ou pendant les débats. L'affaire doit alors être présentée telle qu'elle existe et dans toutes ses ramifications.

Cette Thèse sera soutenue dans une des salles de la Faculté, en séance publique, le 11 avril 1864.

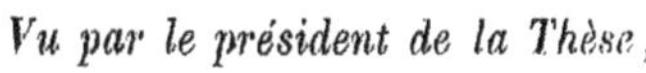

Vu par le président de la Thèse,

DUFOUR.

Toulouse. — Caillol et Bourbon, imprimeurs, porte Saint-Etienne (hôtel Bonnet).

www.ingramcontent.com/pod-product-compliance
Ingram Content Group UK Ltd.
Pitfield, Milton Keynes, MK11 3LW, UK
UKHW021516260726
13993UKWH00004B/1700